AF367789

Giovanni Agnelli
Industriel.

Attilio Cabiati
Professeur à l'École des Hautes Études
commerciales de Gênes.

FÉDÉRATION EUROPÉENNE

ou

LIGUE DES NATIONS ?

MESSIEURS M. GIARD & E. BRIÈRE

LIBRAIRES-ÉDITEURS

16, Rue Soufflot et 12, Rue Toullier

PARIS

—

1919

Turin — Imprimerie VINCENZO BONA (79261).

PRÉFACE

Vers la fin de 1916, un industriel exposait à un économiste quelques-unes de ses convictions sur la guerre européenne. Devançant une thèse que lord Lansdowne devait longtemps après développer dans le « Daily Telegraph », il soutenait que ce n'était pas tout de vaincre le prussianisme : que c'était pour nous une dette d'honneur envers les générations futures que de conquérir la sécurité, que de leur donner l'assurance qu'une aussi terrible destruction d'hommes et de choses ne sera plus possible. Et alors, par un procédé de sélection, il en venait à conclure que, toutes les solutions moyennes possibles étant éliminées, le seul et direct moyen d'atteindre ce but était celui qui aboutit à une Europe fédérale.

Cette idée, hardie et nouvelle, attira l'attention de l'économiste, qui ne put cependant pas cacher son scepticisme sur la possibilité de la réaliser.

Depuis, l'industriel et l'économiste se sont revus de temps à autre. Leur lourde tâche journalière absor-

bait leur activité ; mais l'idée avait pris, elle germait, elle hantait leur esprit. Tous les deux, dans leurs lectures et dans leurs méditations, ils ne faisaient que tourner et retourner le problème, accumulant les objections, les approbations, les données historiques. Puis ils se cherchaient, pour se communiquer l'état de leurs observations.

Et maintenant, après mûre réflexion, l'économiste est aussi convaincu que l'a toujours été l'industriel. Et, pour les fortifier dans leur foi, ont paru, les unes après les autres, les plus solennelles déclarations d'hommes d'État et de savants illustres, démontrant que cette idée est quelque chose de mieux qu'une rêvasserie.

Le processus de l'idée de nationalité ; sa réalisation dans les nations-États ; les inconvénients qui en dérivent pour le développement de la liberté ; les éléments qui ont conduit à l'immense conflit actuel, et qui, à mesure que celui-ci se prolonge, concourent à en transformer le sens et le but : tout s'harmonise pour nous persuader que la thèse que nous soutenons ici est aujourd'hui solidement ancrée, et qu'elle ne mourra point. Or, pour une idée comme la nôtre, ne pas mourir c'est vaincre, à plus ou moins courte échéance.

Ce petit livre est le fruit de la collaboration de l'industriel et de l'économiste, collaboration dont nous n'avons indiqué que la genèse. Convaincus l'un et l'autre de la nécessité pour l'Entente d'une victoire décisive sur la Mittel-Europa et sur l'esprit prussien qui a dominé l'ancien continent ; fermement persuadés qu'une paix boiteuse ne serait qu'une trêve, suivie immanquablement *d'une reprise encore plus violente des horreurs actuelles, ils pensent que la plus noble récompense qui puisse couronner tant de sacrifices sera la constitution d'une combinaison politique, capable de conjurer foncièrement la répétition, au préjudice de nos descendants, d'un état de choses aussi funeste que l'actuel.*

Aussi, ne souhaitent-ils qu'une chose: c'est que cet ouvrage réussisse à secouer la paresse d'esprit des sceptiques de profession et le misonéisme des masses, et à mettre à portée du public la discussion du plus ardent des problèmes que les temps nouveaux imposent à l'Europe.

GIOVANNI AGNELLI.   ATTILIO CABIATI.

Turin, août 1918.

PRINCIPAUX OUVRAGES CONSULTÉS

J. Stuart Mill, *Utilitarianism, Liberty, Representative Government;*
Lord Acton, *History of Freedom and other Essays;*
H. Sidgwick, *The Elements of Politics;*
— *The War and Democracy;*
Sir J. Seely, *Introduction to Political Science;*
A. L. Fisher, *The Republican Tradition in Europe;*
E. Burke, *Works;*
Buckle, *History of Civilization in England;*
Jones, *Economics of War and Conquest;*
Curtis, *The Commonwealth of Nations;*
F. W. Hirst, *The Political Economy of War;*
J. S. Nicholson, *A Project of Empire;*
Lord Lucas, *The British Empire;*
J. A. Cramb, *Germany and England;*
Naumann, *Central Europe* (traduct. anglaise);
Treitschke, *La Politica* (traduct. italienne); *La Politique;*
Bismarck, *Pensieri e Ricordi* (idem); *Pensées et Souvenirs;* .
Bülow, *Germania Imperiale* (idem); *L'Allemagne impériale;*
— *Politica tedesca* (idem); *Politique allemande;*
Bryce, *Il Sacro Romano Impero* (idem); *Le Saint Empire Romain;*
— *Imperialismo Romano e Britannico* (idem); *Impérialisme Romain et Britannique;*
Earl of Cromer, *Ancient and Modern Imperialism;*
H. G. Wells, *La guerre et l'avenir;*
— *In the fourth Year;*
Sir Edward Grey, *The League of Nations;*
Woodrow Wilson, *La nuova libertà* (traduct. italienne); *La nouvelle liberté.*

TABLE DES MATIÈRES

Introduction: La tâche de la démocratie . . . . . . *Pag.* 1-10

Chapitre I: **La formation de l'idée nationale en Europe comme concept de transition** . . . . *Pag.* 11-25

La Révolution française et l'idée nationale, *pag.* 11-15. — Le Congrès de Vienne et la Ligue des Nations, 15-20. — Le développement national en Allemagne et en Italie, 20-25.

Chapitre II: **Dangers et inconvénients du principe de nationalité** . . . . *Pag.* 26-55

La nationalité contre l'État, *pag.* 26-34. — Les deux principes trouvent leur accord dans la Fédération, 35. — Le principe national et les petits États, 36-41. — Le principe national et la liberté des mers, 41-47. — Les dégénérations du principe national: le nationalisme, 47-55.

Chapitre III: **La nouvelle Europe** . . . . *Pag.* 56-128

L'évolution des buts du conflit actuel, *pag.* 56-62. — Les quatre principes de Wilson, 62-64. — Ligue des nations ou Fédération européenne?, 65-73. — L'opinion des écrivains et l'histoire, 73-79. — La diplomatie secrète, 79-82. — Ligue de Nations et balance de Puissances, 82-84. — Critique des Tribunaux arbitraux, 84-91. — Les budgets après la guerre et les avantages de la Fédération, 91-95. — L'unification des forces militaires, 95-97. — Épargnes publiques, 97-98. — La politique coloniale et la Fédération, 98-100. — Les horreurs d'une guerre future, 101-104. — Le marché européen et l'avantage des producteurs, 105-110. — L'avantage des pays et des classes pauvres, 110-112. — La forme de la Fédération: le " self government „[1] et la " rule of law „, 112-119. — La prémisse nécessaire: il faut vaincre, 120-124. — Les principes fédéraux en voie d'effectuation, 125-128.

Postface . . . . *Pag.* 129

INTRODUCTION

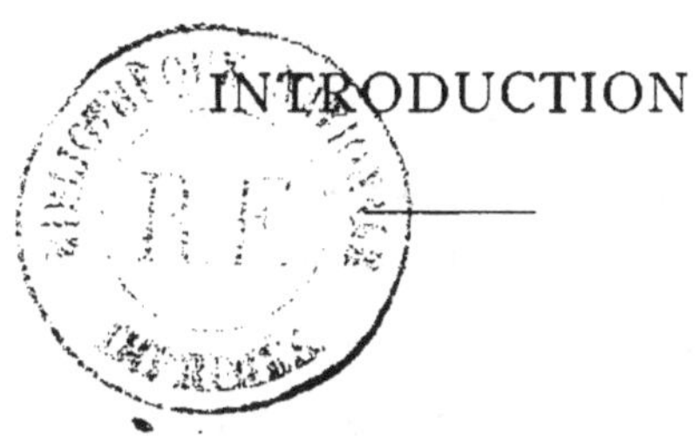

I. — La démocratie est en train de subir une épreuve. C'est la première fois que les pays aux grandes traditions démocratiques se trouvent en bloc face à face avec leurs responsabilités. De la façon dont ces responsabilités seront comprises et résolues dépend l'avenir du principe de la démocratie dans le monde.

La démocratie n'est pas simplement une forme de gouvernement: elle ne dépend ni du système électoral, ni de l'organisme constitutionnel d'un pays. C'est un esprit et une atmosphère, et son essence repose sur la confiance dans les instincts moraux du peuple. Un tyran n'est pas démocrate, parce qu'il croit que c'est par la force qu'on gouverne; un démagogue ne l'est pas davantage, parce qu'il croit que l'on gouverne en flattant les passions des masses. Démocrate est le pays où le gouvernement a confiance dans le peuple, et le peuple dans le gouvernement et en lui-même; où tout le monde est uni dans la croyance que la cause de l'État n'est pas tout bonnement l'objet d'un intérêt égoïste individuel et national, mais qu'elle va d'accord avec les grandes forces morales qui régissent le sort de l'humanité (1).

Quelle sorte de responsabilité nous revient dans la crise actuelle? Elle est triple: elle concerne le présent, le passé et le futur. C'est à trois points d'interrogation que tout bon citoyen des démocraties coalisées doit essayer de répondre: Quel est mon devoir aujourd'hui? Pourquoi et à cause de quoi sommes-nous en guerre? Quels seront les principes d'une solution juste et définitive?

Notre tâche à nous est essentiellement de répondre à la troisième question. Mais un coup d'œil accordé aux deux autres ne peut que nous faciliter la route.

2. — Pendant presque un demi-siècle les grands États européens ont vécu en paix entre eux: nous nous servions de la carte d'Europe, telle qu'elle était sortie des grandes convulsions qui vont de 1821 à 1871. Sur la foi de cette carte et des gouvernements qui y figuraient, nous nous étions lancés dans toutes sortes de coopérations internationales et d'efforts cosmopolites. Le Congrès de La Haye, convoqué par le Tsar, visait déjà au jour où les guerres et leurs causes ne seront plus. Le mouvement socialiste, force toujours

______

(1) Voir « War and Democracy ».

grandissante dans les communautés industrielles, travaillait partout pour le même idéal et pour l'union internationale des forces et des intérêts des travailleurs. Toute la science, dans chacune de ses branches, avait un caractère d'universalité. Chaque été, chaque hiver, pour cause de santé, ou pour se refaire moralement et intellectuellement, des centaines de milliers de personnes s'éparpillaient hors de leurs frontières, allant vivre à l'étranger sous des lois civiles égales aux leurs. Le commerce et l'industrie, ces grandes forces matérielles d'à présent, étaient enchevêtrés par des liens internationaux indissolubles, qui en fixaient la forme et la technique : et, dans le désastre où une guerre aurait précipité cette gigantesque économie universelle à base de crédit, les penseurs voyaient la chance la plus sûre d'éviter une conflagration. Les moyens de transmission, de plus en plus parfaits et rapides, perfectionnant et agrandissant le journal quotidien, facteur puissant et démocratique de cosmopolitisme, avaient habitué le plus modeste lecteur de la plus solitaire campagne, en Italie, à s'intéresser à ce qui se passait sur les côtes du Pacifique et sur celles de l'Atlantique, comme s'il s'agissait de ses propres affaires.

3. — Pourtant, à travers deux entières générations de développement économique et social international, la crainte d'une guerre n'avait jamais été tout à fait absente de la pensée de l'Europe. Les chefs d'État et les hommes d'État entonnaient des hymnes à la paix dans chacune de leurs manifestations publiques ; mais jamais, comme dans ces derniers dix lustres de la vie européenne, la guerre n'avait été étudiée et préparée avec plus de soin ni à plus de frais. Toutes les classes masculines de l'Europe continentale étaient sans cesse exercées au maniement des armes, et les budgets de la guerre pesaient à eux seuls sur nous pour une somme annuelle de quinze milliards de francs. Les États, craintifs et soupçonneux, formaient des coalitions visant à se faire équilibre, et le moindre changement à l'intérieur ou à l'extérieur d'un pays était guetté et scruté dans toutes les conséquences qu'il pouvait entraîner.

Aussi, personne, à vrai dire, n'eut-il le droit de s'étonner, surtout après les trois dernières années — entre 1911 et 1914 — de tension particulière, de sourds grondements annonçant l'orage, si l'assassinat d'un membre de dynastie régnante donna le signal de la grande conflagration, et si les commerçants et les industriels, les propagandistes et les philosophes, les penseurs et les savants virent soudain leurs grandioses projets, et le noble idéal qu'ils caressaient, emportés par le vent, dissipés par les péripéties mouvementées de quelques journées historiques.

C'est que l'on échafaudait une société cosmopolite sans songer à la base. L'activité économique, scientifique et artistique avait ébauché, façonné en gros une société, une activité parfaitement internationale ; mais le fondement politique de cet édifice, un État international, n'existait aucunement : il devait être établi non point par la coopération des individus ou de quelques groupes, mais par l'union de plusieurs nations, par la fédération de plusieurs gouvernements nationaux.

Pourquoi cette base indispensable manquait-elle ?

Parce que les matériaux qui devaient la composer, au lieu d'être rassemblés et fondus, étaient rivés, par-ci par-là, au bloc des États d'Europe, tel qu'on le concevait vers 1914. Avant d'en arriver à la fédération — conséquence logique du mouvement des idées et des intérêts de la seconde moitié du XIXe siècle et du début de celui-ci — il fallait résoudre certains problèmes fondamentaux : et d'abord celui de la nationalité.

La situation était illogique. D'un côté, des États mal agencés : des États constitués d'après le vieil esprit légitimiste et conservateur qui avait dominé jusqu'en 1848, et à la merci de tous les intérêts particularistes qui se rattachaient à cet esprit. De l'autre côté, les hommes d'État et les penseurs en quête d'un principe capable d'éliminer les conflits intérieurs et extérieurs de ces États : principe que les uns cherchaient dans la doctrine catholique — en tant que doctrine universelle —, d'autres dans le développement du droit international, et d'autres encore dans l'internationalisme en tant que doctrine politique. Contrariété qui rendait tout accord impossible. Contrariété dont les manifestations les plus bruyantes consistaient, d'un côté, dans l'aggravement des dissensions de classe à base d'internationalisme, et, de l'autre, dans l'éléphantiasis d'un nationalisme jaloux, revêche, empiéteur, hargneux, dont l'Allemagne offrait l'échantillon le plus parfait.

C'est dans ce conflit d'intérêts et d'idées qu'il faut chercher le secret de quarante ans de paix fourrée et de l'explosion de la guerre actuelle.

Ce n'est pas dans les replis de l'ambition de tel ou tel gouvernement européen, ni dans la diplomatie secrète, ni dans l'égoïsme intéressé des grandes industries de l'armement, *aut similia*. La démocratie qui prend au sérieux ces bagatelles prend des vessies pour des lanternes.

4. — Nous verrons quelles ont été les conséquences de la période de transition, inaugurée en 1821, pendant laquelle l'ancien régime et le nouveau, fondé sur la nationalité, n'ont fait que se chamailler. Période de transition, par conséquent défectueuse, guindée sur des échasses, et qu'aucun effort ne pouvait stabiliser.

« S'il était possible — écrit le prince DE BÜLOW — que des membres de différentes nationalités, ne parlant pas la même langue et n'ayant ni les mêmes habitudes ni la même façon de penser, vécussent côte à côte dans le même État, sans succomber à la tentation de s'imposer les uns aux autres leur nationalité, la paix du monde irait mieux, beaucoup mieux. Mais c'est d'après une loi de vie et de développement historique que, là où deux civilisations nationales se rencontrent, il faut qu'elles luttent pour la suprématie. Dans cette lutte, une nation est le marteau et l'autre l'enclume ; l'une a le dessus et l'autre le dessous. »

C'est précisément dans cette conception, en vertu de laquelle on justifie la « *kultur* » nationale s'imposant au monde par l'épée, que nous trouvons le germe de toute la politique européenne du siècle dernier. Les paroles du prince de Bülow expliquent la « balance des puissances » — autre source de conflits —, la course aux armements, la croyance à l'inévitabilité de la guerre, la foi en sa valeur morale, et tous les autres lieux communs des peuples de l'Europe continentale, si arriérés aux yeux des Anglo-saxons.

Pourquoi, se demandent ces derniers, l'Allemagne et l'Autriche éprouvent-elles le besoin de s'armer contre la France et la Russie, tandis que le Canada ne sent pas le moins du monde la même nécessité par rapport aux États-Unis? Pourquoi la paix européenne exige-t-elle une « balance des puissances », tandis que la primauté des États-Unis sur les deux Amériques n'effarouche point les autres États de cette partie du monde? Pourquoi, si les membres de nationalités différentes ne peuvent vivre côte à côte sans être marteau ou enclume, les Anglais ne s'escriment-ils pas à combattre les Écossais et les Gallois du Royaume-Uni, les Hollandais de l'Afrique australe, les Français du Canada, et ainsi de suite?

Parce que deux mentalités différentes sont aujourd'hui

en présence, se livrant peut-être un combat mortel : mentalités qu'a différenciées la différence de leur histoire. La mentalité légitimiste, bataillant encore sur le principe des nationalités et sur sa dégénération — le nationalisme — dans l'Europe continentale, où l'on continue à croire au dogme de l'épée prenant à tâche de propager, imposer et contrôler une civilisation. La mentalité anglo-saxonne, grâce à laquelle les peuples ont conquis leurs libertés et reconnaissent l'avantage de mettre la croissante complexité des relations mondiales entre les mains d'États, qui ne sont pas des nations, mais des communautés de nations, composées, comme l'Empire britannique et les États-Unis, de plusieurs nationalités et civilisations, et vivant en paix, chacune avec ses institutions particulières, sous un seul et même empire, à l'ombre d'un seul et même gouvernement central, qui les représente toutes à la fois.

Ces deux mentalités en contraste donnent lieu aux plus diverses manières de concevoir les rapports de la vie dans toutes ses manifestations : juridiques, économiques, sociales.

L'Angleterre a déjà passé, dans son évolution historique, par toutes les phases que présente aujourd'hui l'Europe, et a préparé petit à petit, à travers des erreurs qu'elle a payées cher, la phase sublime qui déjà s'estompe dans l'esprit de ses hommes d'État et de ses juristes. Par contre, l'Europe continentale se heurte à des difficultés infiniment plus graves et croupit encore à l'étage inférieur.

Voilà pourquoi la guerre actuelle n'est pas — tout le monde le sent — un conflit pur et simple entre des gouvernements et des nations, pour atteindre à certains résultats politiques ; voilà pourquoi c'est plutôt un immense creuset où se fondent les destinées idéales d'une nouvelle Europe, où se déforment les conceptions qui nous ont gouvernés jusqu'ici, où se désagrège l'oripeau de tant d'idéalités.

L'internationalisme comme théorie politique a déjà donné dans le conflit la mesure de son insuffisance.

Le véritable internationalisme, fondé sur l'esprit de respect mutuel, sur une compréhension intelligente des qualités de chaque peuple et de la nécessité d'en user le mieux possible pour une œuvre ininterrompue de coopération sociale, qui remplacera le soupçon, la manie d'opprimer, la folle jalousie: voilà la tâche, le programme de la nouvelle Europe, surgissant des ruines de l'ancienne.

5. — A cet égard, nous pouvons contempler avec sérénité et bonne espérance même le fait qui, au point de vue humain et individuel, est le plus horrible: la longue durée de la guerre. Si cet incendie prolongé est nécessaire, il faut tout aussi bien, et avant tout, que les idoles aux pieds desquelles la vieille Europe offrait ses prières et ses holocaustes soient à leur tour consumées, et que de leurs cendres s'élèvent de nouveaux et meilleurs idéals, aux yeux de tous les peuples. Ces idéals exigent que toutes les superstructures passionnelles de l'ancienne politique mettent à nu leur impuissance à résoudre les problèmes d'une meilleure humanité. La fonction de la force — remarque avec justesse M. MAHAN — c'est de donner aux idées morales le temps de s'enraciner.

La gigantesque destruction de richesses, que ce conflit de peuples est en train d'opérer, n'est pas elle-même sans quelque signification consolante: elle prouve qu'il n'est point de bien matériel, quoi que ce bien ait coûté, dont les hommes ne soient prêts à faire fi, quand la noblesse d'une idée morale les anime.

Nous démontrerons le bien-fondé de notre thèse en faisant constater:

1° que le principe de nationalité n'a qu'une valeur historique et sert de pont entre la théorie absolutiste et la théorie de la liberté;

2° que, à l'instar de tous les concepts de transition, il résulte incapable de résoudre maint problème fondamental et donne prise à de périlleuses dégénérations;

3° que le principe fédératif est le seul qui puisse concilier définitivement les aspirations de la nationalité avec les suprêmes nécessités de l'État en régime de liberté.

CHAPITRE I.

La formation de l'idée nationale en Europe comme concept de transition.

———

6. Le principe légitimiste et le principe de l'égalité. — L'idée nationale est née de la réaction contre deux concepts qui l'excluaient pareillement. Dans l'ancien système européen les droits des nationalités n'étaient ni reconnus par les gouvernements, ni réclamés par les peuples. Ils étaient ignorés du mouvement libéral, né et grandi au XVIIIe siècle et qui s'oppose au principe légitimiste, en tant que celui-ci ne se préoccupe que des intérêts du Souverain, et celui-là des droits des citoyens.

Les historiens ont démontré pourquoi la Révolution française, tout en détruisant le droit divin des Souverains et les inégalités que la féodalité avait créées, ne s'est pas non plus préoccupée du principe de nationalité. Il serait même plus exact de dire qu'elle le niait implicitement. En effet, puisqu'on admettait une souveraineté du peuple, capable de forger un gouver-

nement indépendamment de l'influence politique de
l'histoire, dont la Révolution effaçait même toute trace
— système administratif, division physique des pays,
classes de la société, corporations, systèmes de poids
et mesures, etc. — avec le plus grand soin, il était
évident que la conception *égalitaire* qui s'ensuivait
devait faire abstraction de la nationalité, et pouvait
même assez souvent heurter contre elle. Pour la doctrine révolutionnaire il n'y a qu'une forme de gouvernement — celle dont la base est la volonté du peuple
— qui s'adapte également à tous les temps et à toutes
les circonstances et pour laquelle la constitution fondée
sur la liberté et sur l'égalité est l'essentiel, tandis que
les limites géographiques de l'État ne sont elles-mêmes
qu'accessoires et secondaires. Le principe national, au
contraire, part de l'idée que l'union des personnes de
la même nationalité doit être la condition d'existence
d'un bon gouvernement: tandis que la forme politique à donner à celui-ci est subordonnée à la constitution de l'État et doit être décidée par les gouvernés.

Pour la théorie nationale il existe des forces naturelles, des éléments physiques — ceux que nous verrons
déterminer le « lien national » — qui fixent le caractère, la forme, la politique de l'État. La doctrine égalitaire de la Révolution a pour centre la liberté illi-
mitée, au moins en théorie, de l'individu et la suprématie de la volonté sur n'importe quelle nécessité et
obligation extérieure. Celle de la nationalité met à la

place de la liberté une espèce de fatalité, de déterminisme physiologique et moral, qui prescrit, par delà la
liberté, les confins de l'association politique.

7. — Cette diversité d'idéologies explique l'attitude
de la Révolution française par rapport aux nations,
même alors que les limites de celles-ci coïncidaient avec
celles de l'État.

Hantés par l'idée de faire triompher leurs principes
et d'imposer partout la constitution idéale, les révolutionnaires démolirent sans hésiter les nations et les
États, foulèrent aux pieds la religion, l'indépendance
nationale, la liberté politique, trafiquèrent des États
— témoin la République de Venise — sous l'impératif catégorique du triomphe de leurs doctrines. Et
l'Empire, avec Napoléon, ne fit qu'étendre et aggraver jusqu'au paroxysme le principe originaire de la
Révolution.

8. — Néanmoins, à son insu, sans le faire exprès,
ce fut bien la Révolution qui donna l'être au principe
de la nationalité. D'abord, le procès et condamnation
de Louis XVI et la proclamation de la République
portèrent le coup de grâce à la théorie du légitimisme.
Ensuite, la Révolution ébranla toutes les bases des
principes politiques et sociaux de la vieille Europe et
poussa à une reconstruction générale sur des bases
démocratiques.

Mais, pour atteindre à ces idéals démocratiques, il

fallait réviser les frontières qui séparaient les États dans la carte d'Europe. Quelle valeur pouvaient avoir les idéals de la réforme démocrate pour les peuples de la Péninsule italienne, dénués de toute force politique ; ou pour ceux de l'Autriche-Hongrie, que le pouvoir central tenait distincts et divisés ; ou enfin pour ceux de l'Allemagne, fractionnée en plus de trois-cents États, hochet et victime de la rivalité entre la Prusse et l'Autriche ?

La doctrine de la souveraineté du peuple, proclamée en France, présupposait donc celle de la solidarité intérieure de chaque population. La France, de même que l'Angleterre, avait déjà résolu ce problème préliminaire ; mais la Belgique, l'Allemagne, l'Italie, la Bohême, la Hongrie, la Pologne, la Grèce, les pays balkaniques, n'avaient pas de chez-soi où exercer la souveraineté. Il fallait bâtir la maison, avant de pouvoir l'administrer d'après les règles démocratiques. Aussi la Révolution française, contraire logiquement à l'idée de la nationalité, devait-elle en fait en accélérer le triomphe.

9. — Chose étrange, la première manifestation de cette idée à l'égard des principes de la Révolution, jaillit comme une réaction contre celle-ci. La poigne de Napoléon avait inculqué les idées essentielles de quatre-vingt-neuf à travers un doctrinarisme si profondément dédaigneux pour les sentiments et les nécessités historiques des peuples, que ceux-ci s'allièrent

avec leurs anciens souverains contre la Révolution ; et ce fut au nom de la nationalité outragée que les dynasties dépossédées arborèrent le drapeau de la réaction et rassemblèrent autour d'elles les multitudes européennes. Si nous lisons les proclames qu'adressèrent alors aux différents peuples toutes les vieilles perruques du légitimisme autrichien, prussien, bourbonien et papalin, nous voyons que les droits de la nationalité y sont étalés en détail et que le gouvernement napoléonien y est dépeint comme la négation des libertés nationales et comme l'instauration d'une monstrueuse démocratie absolutiste, qui outrageait les peuples dans tout ce qu'ils avaient de plus précieux : la foi religieuse et l'indépendance nationale.

10. Le Congrès de Vienne et la Ligue des Nations. — Les hommes et les forces qui avaient proclamé la suprématie des institutions nationales devaient naturellement être désabusés, aussi bien par les libéraux à la française, qu'ils avaient combattus, que par la Restauration, qu'ils avaient fait triompher. Les libéraux de cette époque étaient tout aussi prêts à sacrifier la nationalité à leur idéal, que la Sainte-Alliance à le faire aux intérêts de l'absolutisme.

La Sainte-Alliance mérite cependant une considération spéciale, car ce fut d'elle que sortit, à cette époque de maturation d'idées, le *principe d'un rapport international entre les États.*

Les phrases qui annonçaient le Congrès ressemblaient étrangement à celles qui découlent aujourd'hui des lèvres de tant de nos journalistes et de nos parlementaires, quand ils devisent du prochain remaniement de l'Europe. « Le parlement de l'homme, la fédération du monde », ce rêve, déjà évanoui quand Tennyson, en 1842, en forgeait l'expression, semblait au contraire, en 1814, sur le point de devenir un fait accompli.

La tâche du Congrès ne devait être rien moins que « la reconstruction de l'ordre moral », « la régénération du système politique de l'Europe », l'établissement d' « une paix durable, fondée sur une juste redistribution des forces politiques », sur l'institution d'un tribunal international permanent et muni de coaction, sur l'encouragement à donner aux institutions représentatives, enfin sur la constitution d'une entente entre les Puissances pour un désarmement graduel et systématique.

Les alliés de la dernière guerre contre Napoléon avaient lancé le proclame suivant, en un langage on ne peut plus semblable à celui des alliés qui combattent aujourd'hui l'Allemagne : « Désormais les nations respecteront leur mutuelle indépendance ; dorénavant il ne pourra plus s'ériger des édifices politiques sur les ruines d'États précédemment indépendants ; le but de la guerre et de la paix est d'assurer les droits, la liberté et l'indépendance de toutes les nations ».

Tout le monde sait de quelle façon l'ère nouvelle fut établie au Congrès de Vienne : elle consista dans le rétablissement pur et simple de l'ère ancienne, comme si la période qui s'était écoulée de 1789 à 1814 n'avait été qu'un mauvais rêve qu'il fallait oublier.

Malgré tout, le Congrès de Vienne fut un jalon important dans la voie du progrès. Ce fut un grand précédent, puisqu'il donna l'essor à cette idée d'une « Confédération de l'Europe », qui, tout en demeurant à l'état de puissance, n'en a pas moins été sans cesse une des directives du dix-neuvième siècle.

Nous venons de dire que l'institutiou d'un tribunal international suprême entrait dans les vues du Congrès. Il y a plus : tous ceux qui y prirent part le crurent possible : tous, depuis Castlereagh jusqu'à Alexandre Ier, qui voyait déjà les destinées du monde régies par la Sainte-Alliance , gouvernant d'après les « principes sacrés de la religion chrétienne ».

11. Pourquoi la Ligue des Nations n'était pas possible en 1814. — A coup sûr, tout le monde comprend aujourd'hui que, à cette époque et à ces conditions, l'établissement d'une Confédération Européenne permanente et effective aurait été un désastre. Le Congrès de Vienne avait été suivi de ceux de 1818, 1819, 1820 et 1822 : et chacun d'eux avait de mieux en mieux révélé quelle était vraiment l'autorité qui prétendait règlementer l'Europe. En posant le principe de l'intervention dans les affaires intérieures de chaque pays pour y écraser l'esprit jacobin, la Sainte-Alliance — comme a raison de le dire un historien anglais moderne — revêtait le caractère d'un syndicat de monarques absolus, réunis à fin de secours mutuel contre les aspirations libérales, et exploitant le besoin populaire de la paix, besoin répandu en Europe par vingt années de guerres napoléoniennes, dans l'intérêt d'un gouvernement antipopulaire. Heureusement qu'en Angleterre les principes de la liberté étaient déjà affermis! C'est à son opposition que l'on doit si la Confédération ne put jamais devenir effective.

12. — Le fait est que, au début du XIXe siècle, trois idées partageaient les esprits. Chacune avait du bon; mais, dans leur ensemble, elles étaient d'autant plus irréalisables que la clef de voûte qui seule aurait pu les conjoindre faisait défaut. Deux d'entre elles, l'*idée démocratique ou sociale* et l'*idée nationale*, provenaient de la Révolution française; la troisième, qu'on peut appeler l'*idée de la politique internationale*, fut lancée par le Congrès de Vienne. Elle n'était pas neuve, puisqu'elle rabâchait celle du « Saint Empire Romain »; mais sa nouveauté consistait dans la forme qu'elle aimait à prendre, car, au lieu de passer pour un rêve d'antan, elle se présentait comme un idéal de l'avenir.

Or la réalisation de ces idées ne pouvait s'opérer que dans un certain ordre. Et le grand théoricien de l'idée nationale, Giuseppe Mazzini, avait parfaitement raison de soutenir que celle-ci doit précéder la sociale: et par suite, à plus forte raison, l'internationale. « Le peuple — écrivait-il — est pénétré d'une seule idée:

celle de l'unité et de la nationalité. Il n'y a pas de question internationale qui concerne les formes de gouvernement: il n'y a qu'une question nationale ». C'est aussi la thèse que devait peu après développer JOHN STUART-MILL et qui devait faire faire des pas de géant à la théorie nationale, lors du triomphe, dû surtout à Cavour, du « non-interventionnisme », qui asséna le coup de grâce au principe de la Sainte-Alliance.

Tant que ces prémisses n'étaient pas effectuées, la constitution d'un organisme central pour régler les affaires de l'Europe représentait un danger plutôt qu'un avantage, pour le simple motif que la machine pouvait ne pas bien fonctionner. La Sainte-Alliance est un précédent qu'il ne faut pas oublier. Elle était devenue pour la liberté une entrave, une chemise de force qui menaçait d'étouffer le progrès européen, parce qu'elle était tombée entre les mains d'intérêts acquis, les intérêts dynastiques, hostiles à la fois à la démocratie qu'ils avaient combattue et au principe de nationalité qui les avait soutenus.

13. L'idée nationale naît comme concept de transition. — Il appert, de cette succincte reconstruction historique, que le principe de nationalité représente un concept logique moyen entre le légitimisme et la liberté démocratique. Peu importe que le légitimisme ait pris la forme du royalisme de droit divin, ou remplacé le droit divin par le principe de la souveraineté populaire, c'est-à-dire la souveraineté d'un seul par celle des masses: ni l'un ni l'autre ne pouvaient tenir compte des éléments historiques et physiques qui divisent les peuples.

En tant que réaction contre la manie unificatrice de l'absolutisme légitimiste ou démagogique, le principe de nationalité joue le rôle d'un pont dans la poursuite d'un autre idéal, plus noble: la liberté.

Et c'est justement parce que le principe de nationalité représente une phase intermédiaire, une condition préalable dans l'ascension évolutive, mais est impuissant à résoudre définitivement le problème politique, que la nation peut se constituer sans se proposer ni atteindre la *liberté nationale*, qu'il ne faut pas confondre avec l'*unité nationale*.

14. Un exemple: l'Allemagne et l'Italie. — Nous pouvons faire la démonstration de cette vérité, en considérant de quelle façon différente s'est développé le principe de nationalité en Italie et en Allemagne.

Treitschke observe que l'Italie et l'Allemagne ont mis du temps à se constituer en nations, parce qu'elles avaient chez elles deux idées universelles et non susceptibles de devenir nationales: l'Église et l'Empire; mais qu'elles accomplirent quand même, en même temps et par le même processus historique, leur commune destinée. A vrai dire, à part quelques points de ressemblance tout extérieure, la formation de l'État national dans les deux pays présente des caractères essentiellement dissemblables et aboutit par suite à des résultats différents.

En Italie, l'idée nationale avait passé, comme en France, par une série de phases successives. En Italie, comme en France, les principes libéraux s'étaient développés au temps de la Révolution, et la génération qui vivait après Napoléon pensait que la liberté constitutionnelle était beaucoup plus urgente que la nationale. C'est pour cela que les carbonari voulaient l'expulsion de l'Autriche; c'est parce qu'elle empêchait les réformes politiques et non pas parce qu'elle entravait l'unité italienne. Si l'on en vint peu à peu à la conception d'une Italie unie dans ses frontières naturelles, qui coïncident presque parfaitement, au point de vue géographique, avec les frontières nationales, cela n'eut lieu que par l'action combinée des doctrines de Mazzini et de la tyrannie de l'Autriche.

Mais d'abord, tandis que, pour Cavour, le problème de l'unification de l'Italie ne se présentait pas le moins du monde sous la forme d'un agrandissement du Piémont ni même d'une suprématie de celui-ci sur les autres contrées de la Péninsule, le problème de la formation de l'Allemagne fut, pour Bismarck, avant tout une question de suprématie de la Prusse. L'Autriche fut chassée de l'Italie en 1866, non pas pour que le Piémont en prît la place, mais plutôt afin qu'il pût, pour ainsi dire, disparaître dans l'ensemble, plus vaste, d'une Italie émancipée. L'Allemagne, au contraire, dans cette même année 1866, se débarrassait de l'Autriche pour que la Prusse pût sans gêne imposer sa directive à la Fédération. Et pourtant, qu'on le remarque, l'Autriche n'était pas en pays étranger dans l'ensemble des nationalités allemandes; que dis-je? l'Allemagne ne perdit-elle pas, par cette expulsion, les dix millions d'Allemands qui restèrent sous l'Autriche-Hongrie?

Ensuite, l'Autriche n'était pas, pour l'Allemagne, cet élément oppresseur qui l'avait rendue si haïssable en Italie. Elle n'était, bonnement, que le membre le plus important de la Confédération germanique; mais, en sa qualité d'héritière de la tradition impériale du moyen âge, et de maîtresse de plusieurs millions de sujets non allemands, elle aurait, en restant, rendu impossible l'unification germanique. Et la Prusse, mise dans la nécessité de choisir entre l'unité nationale et l'unité de l'État, préféra cette dernière. Puis Bismarck, après avoir chassé l'Autriche, sut placer les États de la Confédération, notamment ceux du sud, devant le dilemme de choisir entre leur dépendance de la France et leur union à la Prusse. Et la sotte politique de Napoléon III lui donna beau jeu.

Enfin, l'Allemagne fut créée par une guerre d'agression, qui agrandit son territoire aux dépens d'une autre nation; l'Italie, par une guerre de libération, qui chassa l'étranger de son sol à elle. Bismarck opéra l'annexion de l'Alsace-Lorraine non seulement pour améliorer la frontière allemande, mais encore parce que l'hostilité perdurable de la France était nécessaire pour assurer la suprématie militaire de la Prusse sur l'Al-lemagne. Celle-ci forma non pas un État national particulier — comme l'Italie — mais un assemblage d'États dynastiques, fédérés sous le contrôle d'une force prédominante. Bismarck lui-même avoue, dans ses *Mémoires*, qu'en 1870 l'Allemagne n'était pas encore prête pour une véritable unité : et TREITSCHKE rappelle, dans sa *Politique*, qu'un jour l'empereur Guillaume Ier, en passe de mauvaise humeur, répondit à Bismarck qui lui reprochait d'avoir pris une décision que l'Empire n'approuverait pas : « Ah ! l'Empire ! L'Empire, c'est simplement la Prusse allongée ! » Boutade que le prince DE BÜLOW ratifie en ces termes : « Dans l'Empire allemand, la Prusse est l'État dirigeant ».

Une origine aussi profondément différente explique toute la différence de l'évolution politique ultérieure des deux pays. Tandis que l'Italie, sitôt unifiée, élaborait les idées sociales qui se développaient dans son sein, en Allemagne le prussianisme ne songeait qu'à marquer de son empreinte toutes les institutions, toutes les activités, s'efforçant même de détourner à son profit les forces qui s'étaient levées pour le combattre. Ainsi le prince DE BÜLOW, après avoir dit que l'idée démocratico-sociale est « en antithèse avec l'État prussien », reconnaît qu'elle est très utile, lorsqu'on l'arbore en guise de menace, contre les tendances trop commerciales et trop pacifiques de la moyenne bourgeoisie allemande ; et il ajoute qu' « une vigoureuse politique nationale constitue le vrai remède contre le mouvement démocratico-social ». C'est ainsi — en projetant la rancune toujours menaçante de la France devant les États méridionaux de la Confédération, l'épouvantail de la Russie et de ses cosaques devant les classes populaires, le spectre du socialisme devant le conservatisme des classes moyennes — que la caste prussienne put, sans jamais broncher, poursuivre le but où son éducation et son intérêt la poussaient.

C'est ainsi que — tandis qu'en Italie la formation historique du royaume, unificateur de tous les États précédents en un seul bloc exempt de prépondérances particularistes, permet une ligne de conduite vraiment unitaire et nationale, aussi bien à l'intérieur qu'à l'étranger, et accélère la fusion de toutes ses parties au creuset d'une politique à laquelle chacune prend part avec la même valeur morale et la même efficace positive — en Allemagne la suprématie de la Prusse, noyau et centre d'attraction de toutes les forces désagrégées de l'Empire, donne lieu à une politique prussienne en dedans de la politique impériale, relâche les liens moraux de l'union, astreint les hommes d'État à nager sans cesse entre deux eaux, pour maintenir l'équilibre, sans compromettre l'hégémonie.

Le prince DE BÜLOW en convient, dans la remarque que voici: « La tâche, déjà commencée mais pas encore achevée, doit se concentrer dans la poursuite de l'unité de notre vie intellectuelle et politique, c'est-à-dire dans la compénétration intime de l'esprit allemand et de l'esprit prussien. Un pareil accord est encore à venir. Le Parlement et la presse nous font continuellement assister à de vifs débats contre la Prusse au nom de la liberté et contre le rétif esprit allemand au nom de l'ordre. Le fait est que, dans l'Allemagne non prussienne, en vertu de traditions politiques différentes, il règne encore, au sujet de l'État et de la liberté politique, des opinions tout autres que celles qui sont enracinées dans le domaine des traditions prussiennes ».

ZIMMERN l'a bien dit : « L'Allemagne moderne est un spécimen de nationalisme malvenu, tout comme Napoléon fut un spécimen d'individualisme démocratique malvenu. L'Homme du Destin a été suivi de la Nation du Destin, le « surhomme » de la « surnation ». »

Ainsi donc, conséquemment à nos prémisses, la profonde différence de ce développement historique prouve que l'Italie ne pouvait pas, dans ce moment historique suprême, se trouver aux côtés de l'Allemagne.

Et elle prouve aussi, par un exemple caractéristique, que la *nationalité* peut ne pas avoir affaire avec la liberté, et qu'elle représente une phase de transition vers une forme politique supérieure, où la liberté est possible.

Chapitre II.

Dangers et inconvénients du particularisme national.

———

15. Comment définir une nationalité? — L'évolution historique du principe de nationalité en marque les confins logiques dans le temps et en met en évidence les défauts.

Quand les fauteurs du principe de la nationalité veulent la définir, ils se heurtent à une foule de difficultés. De quels éléments se compose-t-elle? Les uns attribuent la plus grande importance à l'unité de race; d'autres, à l'unité de langage; d'autres encore, à la communauté de croyances religieuses; d'autres enfin à la conscience que l'on peut avoir de ces éléments, facilitée par l'identité de confins géographiques et par la volonté de tenir compte de toutes ces forces pour réaliser l'union.

Bref, les éléments dont la nationalité se compose sont purement mécaniques et aucun d'eux — pas moins d'ailleurs que leur ensemble — ne mérite l'honneur de servir de base à une théorie. Pour construire la théorie de la nationalité il faut alors superposer à ces facteurs mécaniques l'élément moral de la conscience qu'à un moment donné ils ont un poids assez prépondérant pour justifier l'union et la formation de l'État. Mais convenir de cela c'est détruire la doctrine absolue de la nationalité et en admettre le critérium purement historique et contingent.

STUART-MILL, précisément après avoir démontré qu'aucun des éléments auxquels s'appuie la doctrine de la nationalité n'est indispensable ni suffisant — rappelant que la Suisse nourrit un sentiment national très prononcé quoique les Cantons diffèrent de races, de langue et de religion; que, par contre, la Sicile, malgré l'identité de langue et de religion, s'est pendant des siècles sentie d'une autre nationalité que Naples; et que les Belges et les Flamands forment une nationalité compacte, quoique les premiers soient proches parents des Français et les seconds des Hollandais — STUART-MILL, dis-je, fait remarquer que le principe de nationalité s'est développé en Italie et dans les autres contrées soumises à l'Autriche comme une force morale, qui a donné un contenu idéal à la réaction contre la domination tyrannique des Habsbourg.

Lord ACTON met à son tour en pleine évidence l'absurdité d'élever au rang de théorie cette conception mécanique et transitoire de l'unité nationale, en des termes qui méritent d'être reproduits intégralement:

« Examinons le caractère politique et la valeur de

la théorie nationale. L'absolutisme qui l'a créée nie également le droit absolu de l'unité nationale, qui est un produit de la démocratie, et la revendication de la liberté nationale, qui appartient à la théorie de la liberté. Ces deux visions de la nationalité, qui correspondent aux systèmes français et anglais, ne se rattachent l'une à l'autre que nominalement : en réalité elles constituent deux pôles opposés de la pensée politique. Dans un cas, la nationalité se fonde sur la suprématie perpétuelle de la volonté collective, dont l'unité de la nation est une condition nécessaire : volonté à laquelle doit s'incliner toute autre influence et contre laquelle toute résistance est tyrannique. Ici la nation est une unité idéale fondée sur la race, contre toute action de causes extérieures, modificatrice de la tradition et des droits existants.

« Elle domine les droits et les aspirations des citoyens, en absorbant leurs intérêts divergents dans une unité factice ; elle sacrifie leurs différentes inclinations et leurs vocations à la prétention plus élevée de la nationalité ; elle commande à tous les droits naturels et à toutes les libertés établies, pour se revendiquer elle-même. Chaque fois qu'un objet déterminé devient le but suprême de l'État — que ce soit l'avantage d'une classe, le salut ou la puissance du pays, le plus grand bonheur du plus grand nombre, ou le triomphe d'un pur idéal — l'État devient pour lors inévitablement absolutiste. Il n'y a que la liberté qui demande pour sa réalisation que l'autorité publique soit limitée, parce que la liberté est le seul objet qui apporte des avantages à tous également et qui, par conséquent, ne provoque pas d'opposition désintéressée. En soutenant les revendications de l'unité nationale, on peut renverser des gouvernements bienfaisants et équitables et obliger les sujets à transférer leurs droits à une autorité pour laquelle ils n'ont pas de sympathie ».

TREITSCHKE à son tour, dans le second volume de sa *Politique*, soumet l'idée que nous examinons ici à une analyse minutieuse, détaille les nombreux facteurs qui ont concouru dans le temps à former les nations, parvient à la même conclusion, relative au caractère purement historique de cet élément de la nationalité, et résume ainsi son avis: « On ne répétera jamais assez qu'aujourd'hui la science politique exige surtout un sens historique libre, sans préjugés. Il faut qu'elle finisse par se débarrasser des abstractions du droit naturel, des doctrines révolutionnaires sur l'État qui en sont dérivées, et des façons de penser abstraites, qui dans la plénitude de la vie historique cherchent non pas les forces, mais les principes. Ces vides abstractions, il faut les détruire.

« C'est précisément une de ces abstractions-là, le soi-disant principe de nationalité, qui domine aujourd'hui tous les cerveaux. Cela se comprend très bien. Nous nous trouvons encore sous l'influence de la réaction à l'empire universel de Napoléon. Cette tentative ressuscita, par un contre-coup tout à fait naturel, la conscience de la nationalité, avec une énergie auparavant ignorée... Aussi notre siècle est-il rempli de contrastes nationaux, et ne fait-on qu'aller en quête et parler d'un « principe de nationalité »... Il va sans dire toutefois que l'idée de nationalité est mobile, et même qu'elle flotte au gré du courant de l'histoire. Notre Seigneur Dieu n'a pas encore classé une à une les différentes nationalités, comme dans les vitrines d'un cabinet d'histoire naturelle. Au contraire, nous pouvons partout apercevoir en elles l'œuvre transformatrice de l'histoire. La nationalité n'est rien de fixe... Ajoutons que, dans le cours de l'histoire, il se rencontre des époques qui se sont senties poussées vers le cosmopolitisme et d'autres qui ont montré une tendance non moins forte à se séparer en nations. Il y a des périodes où les nations sont tellement compénétrées d'un même mouvement d'idées, que, devant ces nouvelles idées, les contrastes nationaux eux-mêmes s'apaisent. L'époque de la Réforme fut une de ces périodes. La lutte pour la liberté religieuse s'empara à tel point des esprits, que toutes les nations se liguèrent avec les coreligionnaires étrangers contre le compatriote, ennemi en religion... Enfin il faut être persuadé que l'énergie du sentiment national varie de peuple à peuple, et que l'influence que les différentes forces vives de l'histoire exercent les unes sur les autres dans les rapports nationaux est des plus variées ».

16. Les trois inconvénients du principe de nationalité. — Nous pouvons donc dire, tout au plus, que, dans sa formation, un État doit, pour respecter la liberté de ceux qui le composent, tenir compte de tous les éléments qui les différencient, par conséquent aussi de celui de la nationalité, en tant qu'elle est assise sur des facteurs ethniques, moraux, linguistiques, qui ne se détruisent point.

Mais, de même que l'État ancien sacrifiait la liberté au désir d'obtenir l'unité politique, ainsi l'unité nationale, pour obtenir la liberté, sacrifie l'unité politique, qui est un des éléments constitutifs de la liberté.

En outre, la conception mécanique de l'unité nationale renferme trois dangers vraiment redoutables :

1° Elle oblige dans bien des cas à sacrifier l'unité nationale à certains intérêts d'ordre fort élevé, ou bien ceux-ci à celle-là ;

2° Elle fait naître et envenime les conflits de prépondérance nationale et de tous les intérêts malsains qui pullulent autour de l'État-nation. « Le plus grand adversaire des droits de la nationalité, dit sculpturalement lord ACTON, c'est la théorie actuelle de la nationalité. En identifiant, pour ainsi dire, l'État et la nation, elle réduit de fait à un état de sujétion toutes les autres nationalités qui se trouvent dans ces frontières. Il est en effet impossible d'admettre celles-ci aux mêmes droits que la nation principale qui forme l'État, puisque en ce cas l'État cesserait d'être national, ce qui serait contraire au principe informant de son existence » ;

3° Tant que les nations-États subsisteront dans

leur compréhension logique actuelle, l'état de guerre
ne pourra prendre fin. En effet, si nous supposons
que tous les États soient constitués exactement dans
leurs confins nationaux, et si nous admettons, comme
l'exige la doctrine, que ce soit là la constitution la plus
naturelle de l'État, il s'ensuit qu'aucun d'entre eux ne
peut subir ni un accroissement ni une diminution de
territoire ou de droits souverains. Il s'ensuit que, tandis
que, dans les États anciens, les guerres s'épuisaient
par la conquête, dans les États-nations la conquête est
impossible ; ou bien, si elle a lieu, elle doit susciter
des réactions, qui préparent ou rallument la guerre.
Et nous verrons que les intérêts de certains groupes
capitalistes profitent de cette situation logique, en vertu
de laquelle seulement dans la période historique des
États-nations a pu se produire et se prolonger cet état
de choses qui, autrefois, aurait paru absurde et mon-
strueux, et que l'on a appelé « la paix armée ».

**17. Les intérêts matériels des peuples ne
coïncident pas avec la nationalité.** — « Il y a,
écrit STUART-MILL, des parties de l'Europe où les différentes nationalités sont si mélangées, qu'il n'est guère
pratique pour elles de vivre sous des gouvernements
séparés. La population de la Hongrie est composée de
Magyars, de Slovaques, de Croates, de Serbes, de
Roumains et d'Allemands, si bien entremêlés que toute
séparation locale est impossible. La colonie allemande
de la Russie occidentale est séparée de l'Allemagne

par un lambeau de l'ancienne Pologne, et comme elle est trop faible pour pouvoir conserver une indépendance isolée, il faut qu'elle soit sous un gouvernement non allemand ou que ce lambeau de territoire polonais soit sous l'Allemagne ».

Nous rappelons ce passage, parce qu'il montre devant quelles difficultés se trouverait un congrès de la paix, qui voudrait résoudre d'après la nationalité, et seulement d'après ce principe, les compétitions européennes.

C'est aussi ce que veut dire WELLS, lorsqu'il écrit : « Tous les idéalistes espèrent en une Pologne restaurée. Mais c'est un enfantillage que de rêver une Pologne satisfaite, avec Posen sous le talon prussien, avec Cracovie en Autriche, sans un port sur la mer Baltique. Ces prétentions de la Pologne à son intégration ont une portée plus haute que la contractation des belligérants réunis en congrès ».

On comprendra l'importance de cette remarque de Wells, si l'on pense à tout ce que la Prusse a fait pour la colonisation de la partie de la Pologne qu'elle occupe.

Les problèmes de ce genre sont innombrables. Nous serions curieux, par exemple, de voir comment on pourrait résoudre celui des nationalités de la Macédoine.

De même, comment pourrait-on croire satisfaite la Serbie sans la Bosnie-Herzégovine et sans un port sur l'Adriatique, abstraction faite de l'idéal panserbe ? Plusieurs ont imaginé de résoudre tous ces problèmes moyennant la destruction et le partage de l'Autriche Hongrie. Mais, outre que les difficultés d'un arrangement équitable au point de vue des aspirations nationales persisteraient, envenimées par la division, il est hors de doute que la destruction de l'empire des Habsbourg signifierait la réunion à l'Allemagne de douze millions d'Allemands, la descente de celle-ci jusqu'aux frontières de l'Italie, son avoisinement à l'Adriatique et l'exaspération d'un problème déjà formidable : le problème de Trieste.

Parlons-en aussi. Entretemps, notons, par incidence, que nous avons une preuve de ce que la nationalité est un moyen d'atteindre la liberté et non pas une finalité circonscrite, dans l'orientation de l'irrédentisme italien, qui a toujours visé à Trente et Trieste, et jamais à Nice et la Corse ; régions très italiennes, mais qui n'ont jamais manifesté le désir de se détacher de la France, grâce au régime de liberté et de bien-être dont elles jouissent sous ce gouvernement.

Or nous ne disons rien de nouveau en reconnaissant que le problème de Trieste a un caractère et une importance d'envergure européenne, et qu'il a une portée internationale beaucoup plus grande que celui de l'Alsace-Lorraine. Trieste demande Fiume et Fiume demande Pola. Trois villes très italiennes, mais qui, malheureusement, à cause de leur situation géographique, ont un « hinterland » respectivement allemand, autrichien et magyar.

Trieste est, comme tout le monde le sait, l'escale des échanges entre l'Orient européen et l'Europe centrale. Soit que les nouvelles voies de communication le long du Danube et les nouveaux chemins de fer et canaux allemands réduisent l'importance de cette escale; soit qu'elle recouvre ce qu'elle peut perdre de ce côté, à travers les futurs chemins de fer transversaux des Balkans à la mer Adriatique, il est hors de doute que: ou bien les destinées économiques de Trieste resteront attachées à ses rapports commerciaux avec la Mittel-Europa, ou bien l'État qui possédera Trieste, Pola et Fiume, devra se préparer à lutter sans relâche contre les États placés à l'orient de ces trois ports et forcés d'aspirer à un grand débouché sur la mer Adriatique par les nécessités suprêmes de leur existence économique et de leur développement commercial.

Bien entendu, ces difficultés doivent être surmontées, et elles le seront; car il n'est pas un Italien qui ne regarde la réunion de Trieste à la mère patrie comme un axiome indiscutable.

Mais il est juste et logique de mettre en relief que, dans une Fédération européenne des États, toutes ces difficultés disparaîtraient comme par enchantement, automatiquement, sans besoin des études des diplomates ni des efforts des économistes, et sans crainte de querelles à l'avenir. Car, dans une Europe fédérale, l'antagonisme italo-autrichien pour la haute main sur la mer Adriatique n'aurait plus raison d'être, et un conflit économique entre l'Italie et les pays allemands ou magyars serait insensé.

Que l'on applique ce raisonnement, dûment modifié, aux complexes problèmes de l'Alsace-Lorraine, de la Pologne, de la Yougo-Slavie, etc., et l'on verra que l'illustration de tous ces cas converge des faisceaux de lumière sur l'importante vérité que voici :

Une Fédération Européenne n'est pas en contraste avec le principe de nationalité; au contraire, elle représente la seule solution qui en permette la réalisation la plus complète et la plus triomphale, car elle élimine toute possibilité de conflit entre les nécessités morales de la nationalité et les nécessités politiques, stratégiques et économiques de l'État.

Insuffisances et dangers du principe de nationalité.

18. **Les petites nations.** — Si nous passons en revue l'histoire politique du siècle dernier, nous y constatons l'impuissance du principe de nationalité à résoudre quelques-uns des plus grands problèmes de la vie publique. Au fur et à mesure même que le principe de nationalité s'affermit, nous voyons de mieux en mieux le contraste qui l'éloigne des sciences sociales, lesquelles enseignent à résoudre les plus grandes questions d'intérêt et d'humanité d'après des règles universelles, non particularistes, non limitées par les

frontières plus ou moins occasionnelles et plus ou moins logiques de la nation-État.

Ainsi, tandis que les règles du droit, les doctrines économiques et toutes les conséquences qui en découlent tendent par leur nature au cosmopolitisme, la doctrine nationale est parvenue à fausser ces principes, pour y échafauder les monuments incongrus d'une série incohérente de doctrines nationalistes du droit, de l'économie, etc.

Voici quelques exemples typiques de ce contraste entre la science qui, comme telle, ne peut que représenter des principes et des intérêts généraux, et la doctrine nationale, qui est fatalement entraînée au particularisme.

19. — Un de ces exemples est le contraste, tel qu'il s'est toujours manifesté dans le demi-siècle dernier, entre le droit théorique des petites nationalités à leur indépendance politique et la tendance naturelle des grandes masses politiques à absorber dans leur orbite les masses plus petites, pour donner à l'ensemble une configuration et une vie plus complète et plus homogène. Chacun de ces deux principes a son fond de vérité; mais la solution nationale ne leur a pas permis de vivre paisiblement l'un à côté de l'autre.

Si nous parcourons toutes les critiques, toutes les ironies dont les écrivains allemands d'histoire politique ont accablé et battu en brèche le droit à l'existence des petits États, nous sommes obligés de reconnaître qu'ils n'ont pas tous les torts et que l'absorption des petits États par les organismes plus forts et plus grands qui les entourent représenterait le plus souvent un bénéfice pour la société humaine.

« Il est clair, lit-on dans la *Politique* de TREITSCHKE, que si l'État est une puissance, seul l'État qui est réellement puissant répond à l'idée d'État. Voilà pourquoi il est comique qu'il existe de petits États. Il manque aux petits États la capacité même, qui ne fait pas défaut aux grands, d'être justes... Quant à la supériorité économique des grands États, elle saute aux yeux. De si grandioses rapports impliquent par eux-mêmes une grandiose sécurité... En approfondissant cet examen, on constate que, généralement, la civilisation, dans sa signification la plus étendue, prospère mieux dans la vastité des États les plus puissants que dans l'étroitesse des petits États. » Puis, prévenant l'objection que certains glorieux exemples du moyen âge semblent démentir cette conclusion, l'historien allemand a soin d'ajouter : « Il faut se garder de construire sur des cas particuliers des abstractions pédantesques ; si l'on parcourt de l'œil l'histoire en grand, il résulte clairement que tous les vrais chefs-d'œuvre de la poésie et de l'art ont poussé sur le terrain des grandes nationalités. L'orgueilleuse Florence et Venise vivaient d'une vie si mondiale, que ce n'est assurément pas le cas de parler de philistinisme et d'étroitesse d'États. Une fierté idéale animait toute la multitude des citoyens, assez pour rappeler le souvenir antique d'Athènes ».

C'est cette exacte conception des droits et des nécessités du grand État qui a rendu l'école économique et politique allemande favorable à l'absorption de la Hollande, de la Belgique et de la Suisse : pour les raisons économiques que FRÉDÉRIC LIST développait dans son livre fameux, dès la première moitié du XIXe siècle, et pour les raisons politiques que tous les successeurs de TREITSCHKE on fait connaître au monde.

D'autre part, il n'est pas moins logique et naturel que les petites communautés aient elles aussi le droit de s'unir et de vivre, pour des motifs d'ordre supérieur et bien plus profond que celui de la nationalité même.

C'était afin de résoudre le contraste entre ces deux principes positifs, que, dans la première moitié du XIXe siècle, l'Europe remaniait les petits États et les petites nationalités. Elle ne leur accordait cependant pas le droit de vivre en vertu de leur propre force, positivement, mais seulement d'une façon négative, moyennant leur neutralisation, pour les besoins de l'équilibre européen, afin de servir d'États-coussinets entre les grandes puissances, surtout là où étaient en jeu des positions particulièrement délicates au point de vue stratégique et économique.

Il est aisé de comprendre quelle devait être l'instabilité d'un équilibre de ce genre, entre un droit purement théorique et, qui plus est, en contraste avec les nécessités historiques, et la fatale maturation de celles-ci, soutenues par des éléments de force toujours croissants. Nulle contractation juridique, nulle sainteté de traités ne peut stabiliser dans l'histoire un édifice bâti en dépit de la logique. L'Angleterre avait, pour empêcher la chute d'Anvers entre les mains de l'Allemagne, la même raison vitale et impérieuse que l'Allemagne pour s'en emparer. Autour de cet élément, le seul qui — au milieu de tant d'autres — passera dans l'histoire comme un des vrais facteurs du grand conflit, on a, depuis, brodé toute une sentimentale série de raisons diplomatiques, qui ont aidé l'offensive des armes par l'offensive des écrits.

L'Allemagne, traduisant improprement, par la bouche de Bethmann Hollweg, un principe ancien, que Bismarck avait lui aussi, mais mieux, développé, énonça ce qu'on appelle la « théorie du chiffon de papier ». L'Angleterre saisit au bond l'occasion de s'en indigner à la face du monde et de dénoncer la conduite « cynique » de l'adversaire, qui avait pourtant bien souscrit à la neutralisation de la Belgique. Mais le fait est qu'aucun peuple ne peut rester éternellement rivé aux engagements qu'a pris en son nom l'homme qui le gouvernait en de tout autres époques et de tout autres occasions. Le point fondamental consiste dans l'incompatibilité qui peut se faire jour entre un principe purement théorique, tel que celui de la nationalité, et les nécessités pratiques d'un grand État. Cette incompatibilité existe et persiste ; il n'y a qu'un moyen qui soit capable d'harmoniser les deux principes, sans que jamais l'un doive sacrifier à l'autre quoi que ce soit. Ce moyen c'est le *fédéralisme*.

20. La liberté des mers. — Choisissons au hasard un autre grand problème politique que ni la doctrine politique nationale, ni le principe de nationalité, pris pour base de la formation actuelle des États, n'ont été ou ne sont à même de résoudre équitablement, c'est-à-dire en tenant compte, avec une exacte proportion, des droits particuliers et des intérêts généraux.

Ici aussi nous devons considérer à un point de vue historique et réaliste l'état des choses tel que la suite des siècles l'a façonné, pour nous faire une idée précise de ce qu'il y a d'essentiel dans les argumentations, camouflées de haute morale, qui ressassent la question de la « liberté des mers ». Et nous verrons bientôt que, tant que l'Europe restera politiquement partagée comme elle l'est aujourd'hui, cette question ne peut que se réduire à une pure et simple question de suprématie d'un État sur les autres : et que la réunion des États européens sous une règle fédérale unique pourra seule avoir l'efficace de donner au problème une solution automatique en même temps que respectueuse des intérêts et des droits généraux.

« La politique d'aucun État du monde ne suit avec autant d'opiniâtreté une ligne traditionnelle, que la politique anglaise — écrit le prince DE BüLOW — et l'Angleterre doit sans doute une grande partie de ses extraordinaires succès de politique mondiale à cette opiniâtre tradition de sa politique étrangère, qui se continue de siècle en siècle, dans ses buts et dans ses lignes principales, en dehors des variations des partis. L'a b c de toute la politique anglaise a toujours été la conquête et le maintien de la suprématie anglaise sur la mer. C'est à ce point de vue qu'elle a toujours et fermement subordonné toutes les autres considérations, amitiés et inimitiés. Ce serait une sottise que de s'en tenir à la formule « perfide Albion », dont on a trop abusé, pour désigner la politique anglaise. En réalité, cette prétendue perfidie n'est qu'un sain et juste égoïsme national, qui, comme d'autres grandes vertus du peuple anglais, pourrait servir d'exemple aux autres peuples ».

Or si, de 1100 à aujourd'hui, c'est-à-dire à travers huit siècles d'histoire, la politique anglaise a toujours tenu une conduite rectiligne, cela veut dire que le problème de la mer est pour elle une question pure et simple d'existence, plutôt que de puissance. Le fait est qu'il n'est point de nation qui n'éprouve le besoin de garder pour elle la clef du logis. Vu la nature insulaire du Royaume-Uni, les communications par mer sont le sensorium de l'existence de la race britannique dans sa distribution géographique. Au fur et à mesure que de nouvelles colonies tombaient entre ses mains, les rapports de l'Angleterre avec la mer devenaient de plus en plus intimes et nécessaires. L'Angleterre est nourrie par le Canada, les Indes et l'Australie; elle tire ses matières premières de ses colonies, éparpillées dans tout le monde. Penser qu'elle puisse céder les clefs de ce commerce vital, ce n'est pas prétendre l'empêcher d'exploiter un monopole, c'est vouloir la blesser à mort, elle qui vit techniquement de la mer. Voilà bien la vérité fondamentale dont il faut se rendre compte et qui jaillit toute nue de l'histoire la plus rectiligne que le monde connaisse. Quand on discute sur la « liberté des mers », c'est de la vie et de l'avenir de l'Angleterre qu'il s'agit, et non pas de ses usurpations prétendues et inexistantes.

Il convient d'autre part de remarquer avec quel esprit l'Angleterre a usé de sa suprématie navale. La vie commerciale maritime n'a pas peu contribué à initier le pays à un esprit de démocratie véritable et de liberté bien ordonnée. C'est sur la mer que le courage, le sentiment de la dignité et de la responsabilité, la part que chacun doit prendre à l'œuvre de tous, ont la meilleure possibilité de se développer. Le contact avec d'autres pays, d'autres civilisations, l'habitude de voyager et de braver le danger ouvrent l'intelligence et l'accoutument au raisonnement et à la critique. Toutes ces circonstances, et d'autres encore, ont concouru à développer en Angleterre le sens de la critique et de la liberté, alors que toute l'Europe était encore enveloppée dans la superstition et dans l'oppression absolutiste. La bourgeoisie anglaise était depuis des siècles une force politique opérante, avant que l'européenne conquît à la fin du XVIII⁰ siècle sa « Grande charte » à elle.

Ce sens de liberté et de compétition, et les dures leçons coloniales qui l'ont fortifié et poli au XVIII⁰ siècle, ont amené l'Angleterre à tempérer de plus en plus son hégémonie maritime. D'ailleurs, avec la liberté absolue qu'elle octroie aujourd'hui à ses colonies en fait de politique commerciale, un emploi tyrannique qu'elle ferait de sa puissance dans les océans lui causerait la perte immédiate de ses « Dominions », chacun desquels a entamé d'intimes rapports économiques et intellectuels avec les puissances de l'Europe Continentale et de l'Amérique. Ceux qui ont lu les grands chapitres de l' « *History of Civilization in England* », où BUCKLE analyse l'évolution des idées fondamentales de la civilisation en Angleterre, en Espagne et en France, comprennent parfaitement comment, sous l'aiguillon d'une nécessité vitale, le Royaume-Uni a pu et a dû concilier sur toute la ligne sa suprématie maritime avec la liberté des mers pour toutes les nations.

21. — D'autre part, les Allemands n'ont pas été les seuls — et c'était naturel — à se prononcer en faveur de la « liberté des mers ». Wilson et un homme d'État anglais, le marquis de Lansdowne, dans sa célèbre lettre au « Daily Telegraph », l'ont invoquée eux aussi. Or ce principe ne peut aujourd'hui se réaliser que de deux manières :

1⁰ En réduisant les armements par mer. Jusqu'en 1914, l'Angleterre fut guidée à ce sujet par le principe connu d'avoir une flotte qui fût supérieure d'environ 10 % aux flottes réunies des deux plus grandes Puissances maritimes. Nous croyons que, en cas de réduction, l'Angleterre ne refuserait pas, en théorie, d'accéder à cette proposition. Si, par exemple, les deux flottes les plus puissantes jusqu'en 1914 se mesuraient en fait de nombre des navires, vitesse, rayon d'action, importance des artilleries, etc., par l'indice 100, de sorte que la flotte anglaise avait l'indice 110, il est évident que, du jour où les deux nations réduiraient leurs flottes à l'indice 50, l'Angleterre devrait réduire la sienne à l'indice 55.

Mais cette vague théorie a besoin d'être précisée en ce sens : *a)* La réduction des armements par mer ne peut que faire partie d'un plan général de réduction de tous les armements, y compris ceux de terre ; ce qui regarde essentiellement l'Allemagne et conduit à une foule de considérations très complexes. *b)* Il faudrait, maintenant surtout que le principe des sous-marins — faciles à construire par pièces et à cacher — déplace en partie les termes de la stratégie maritime, établir un contrôle international garantissant que les armements, dans tous leurs complexes indices, ne sont poussés par aucun État au delà de la limite convenue ; ce qui n'est pas facile.

Et quand même ces deux énormes difficultés seraient surmontables, quelle influence exercerait tout cela sur la « liberté des mers » ? Aucune en temps de paix, comme auparavant ; aucune en temps de guerre, car si la force navale anglaise, avec l'appui de ses bases, reste *relativement* invariable — et l'on ne pourrait prétendre davantage pour les raisons géographiques et naturelles mentionnées ci-dessus — elle pourra toujours barrer les routes maritimes, comme l'Allemagne barre aujourd'hui quelques-unes des voies terrestres essentielles à la sécurité du développement de la libre civilisation.

2° Une autre manière, beaucoup plus efficace, à vrai dire, consiste à internationaliser les grands points stratégiques qui dominent les voies maritimes : Gibraltar, Suez, Aden, Singapour, etc....

Mais une telle proposition peut-elle être soutenue ou même simplement présentée à une conférence de la paix, qui se propose de laisser l'Europe partagée, comme elle l'est aujourd'hui, en tant d'États indépendants ? L'Angleterre n'aurait, de son côté, qu'à présenter deux simples objections : *a)* qu'elle ne diminuera jamais sa puissance maritime, tant que la puissance terrestre de l'Allemagne ne sera pas complètement neutralisée et réduite à ne plus pouvoir se réaffirmer ; *b)* qu'elle ne voit pas pourquoi elle devrait être soumise à des pertes de territoires, elle qui a dans ses mains tout l'Empire colonial de l'Allemagne et une partie considérable de l'Empire turc, tandis que ses ennemis ne possèdent pas même un pouce de territoire anglais.

Enfin, conviendrait-il à d'autres Puissances — par

exemple à l'Italie — que, dans les conditions actuelles, l'hégémonie maritime de l'Angleterre fût rabaissée, quand il est prouvé que c'est à elle que nous devons de n'être pas devenus, tous tant que nous sommes, une colonie allemande?

En conclusion, des deux solutions proposées pour réaliser la liberté des mers, la première, qui seule est compatible avec l'actuelle subdivision politique de l'Europe, est insuffisante; la seconde est impossible. Ici encore la solution satisfaisante ne sera donnée que par une fédération des nations.

22. Les dégénérations du principe national. Nationalité et nationalisme. — Si le principe de nationalité est, par sa nature, impuissant à résoudre quelques-uns des plus graves problèmes politiques, plus grave est le ferment de dégénération qu'il porte en lui-même et qui a donné naissance au *nationalisme*. Le jaloux sentiment de l'autonomie nationale, l'orgueil de la suprématie intellectuelle et morale que chaque nationalité croit avoir sur les autres, le désir de faire de sa nation un organisme complet, indépendant de tous les autres, ont coopéré à la naissance et à la croissance d'un sentiment d'abord vague, mais qui a ensuite tâché de se développer, de s'organiser et de prendre corps, sous l'égide de la science : la doctrine nationaliste. Il suffit d'observer un de ses champs d'application, par exemple l'économique, pour se faire une idée des absurdités auxquelles elle a donné lieu et de la facilité avec laquelle un incohérent assemblage de mots, servant de paravent au vide, peut en imposer au monde et le bouleverser.

Le nationalisme a créé une nouvelle catégorie économique, l'économie nationaliste, la supposant quelque chose de différent de l'économie privée et naturellement en antithèse avec celle des autres nations. C'est une conception très difficile à entendre, car — c'est surtout là-dessus qu'insistent les thuriféraires du nationalisme — l'économie nationale est essentiellement « dynamique ». On ne sait pas encore très bien ce que veut dire cet attribut ; mais, à ce qu'il paraît, il constitue le caractère fondamental de cette entité. Dans les gros volumes qui renferment l'évangile, ou, plutôt, les évangiles de l'économie nationaliste, on ne trouve aucune définition, aucun principe, aucune règle aidant à comprendre ce que l'économie nationale représente, comment elle se forme et se développe, et d'après quelles lois naturelles elle fonctionne. On sait seulement que l'État a le droit de régler « d'une façon organique » la vie économique d'une nation, de l'acheminer d'une façon consciente « vers ses destinées », en en développant les « qualités dynamiques » ; qualités qui, d'habitude, paraît-il, ont la spécialité de rester cachées au commun des mortels, si bien que l'État est seul capable de les débusquer. Ce que signifie « l'État » et comment il s'individualise pour les savants de l'économie nationaliste et dynamique, nul ne le sait. On serait tenté de croire qu'il s'agit des citoyens privés ;

mais cette hypothèse est exclue par le fait qu'en ce cas il s'agirait de cette autre chose, assez connue et assez peu dynamique, que nous nommerons, pour bien nous entendre, « économie » pure et simple. On pourrait croire que l'État concrète ses idées par l'intermédiaire d'une bureaucratie; mais cela non plus ne peut être, à cause du profond mépris que les nationalistes éprouvent pour toute manifestation vulgairement bureaucratique. Ce que, naturellement, les nationalistes prétendent, en vertu de leur définition même, c'est l'indépendance de l'activité économique nationale de toute influence étrangère; mais cela ressemble à s'y méprendre à une autre chose, qui est bien plus ancienne et bien moins agrémentée de mots difficiles : cela ressemble au « protectionnisme ». Seulement, tandis que le protectionnisme reconnaissait que la protection constitue un régime exceptionnel, qui ne doit être accordé qu'à certaines industries, dans certains cas, et pour certains laps de temps, la doctrine nationaliste, dans sa conception d'une économie nationale, ne s'embarrasse d'aucune de ces restrictions et soutient la possibilité de la protection pour la protection, indépendamment de toute réserve de temps, de cas et d'opportunité.

Bref, la doctrine nationaliste représente, dans le domaine économique, la base pour la justification de la spoliation légale et systématique de la communauté, en faveur de certaines castes, ou de certains groupes d'intérêts.

23. — Il est difficile de se faire une idée exacte de l'énorme préjudice que cette manifestation nationaliste, de pure marque allemande, a porté à l'Europe dans le domaine économique, social et politique. Elle a, dans bien des États, facilité la formation d'une caste prussienne, qui devait être entretenue aux frais de la collectivité au nom des principes de l'économie nationaliste ; elle a facilité la constitution de maintes « arches saintes » — ainsi que le député Luzzatti a appelé une d'entre elles — d'intérêts économiques, que l'on ne pouvait et ne peut discuter sans être assailli au nom de l'intérêt national.

Tout critérium de limitation et de modération, tel qu'il s'en trouve même dans le système protectionniste — dont l'action s'exerce si profondément sur la distribution de la richesse au détriment surtout des classes pauvres et des classes à revenu fixe — a fini par disparaître. Chaque nation a fait son possible pour revenir à l'ancien idéal, longtemps délaissé, du marché fermé ; chaque nation s'est escrimée à résoudre cette quadrature du cercle qui consiste à ne rien acheter à l'étranger et à lui vendre au contraire le plus possible.

Dans le domaine économique, aussi bien que dans le politique, l'étranger a été considéré comme l'ennemi, des produits duquel il fallait « défendre l'indépendance du marché national », tandis qu'il fallait coûte que coûte « l'asservir à sa propre économie ». A cet effet, l'intervention directe et indirecte de l'État est devenue de plus en plus complexe et outillée : tarifs douaniers à plusieurs graduations, primes à la production et à l'exportation, tarifs et nolis de pénétration, facilitations à la constitution de syndicats, méventes systématiques à l'étranger, encouragées par des récompenses à l'intérieur, préférence accordée à tout prix aux producteurs nationaux dans les enchères publiques, et ainsi de suite.

Si l'économie politique ne s'est pas enrichie d'idées, elle a acquis en revanche un somptueux lexique de termes guerriers : en lisant les ouvrages des apôtres allemands de l'économie soi-disant nationaliste, on croirait être à une école de guerre : attaques, défenses, tranchées, ceintures de protection, tactique poliorcétique, gaz asphyxiants, pièges stratégiques, et ainsi de suite.

Ce détail a plus d'importance qu'il n'appert à première vue. L'humanité est tellement habituée à se laisser conduire par les mots plus que par les faits, par la forme plus que par la substance, que souvent le propre ton du raisonnement l'emporte sur le raisonnement même et crée une atmosphère périlleuse. Ruskin le dit tres bien dans son *Sesame and Lilies* : « There are masked words droning and skulking about us in Europe just now, which nobody understand, but which everybody uses, and most people will fight for, live for, or even die for, fancing they mean this or that, or the other, or things dear to them. There never were creatures of prey so mischievous, never diplomatists so cunning, never poisoners so deadly, as these masked words; they are the unjust stewards of all men's ideas; whatever fancy or favourite instinct a man most cherishes, he gives to his favourite masked word to take care of for him; the word at last comes to have an infinite power over him; you cannot get at him but by its ministry ».

On sait qu'une grande part de protection fut accordée à l'économie allemande non pas pour les motifs économiques que l'on allègue ordinairement afin de justifier cette mesure, mais à seule fin d'entretenir certaines classes sociales, qui passent pour utiles à la conservation du prussianisme dans l'Empire. Ainsi, Dawson, un des plus compétents historiens de l'économie allemande, observe qu'en 1902 le prince de Bülow soutint l'augmentation des droits sur les céréales, non par sympathie pour les agraires, dont au contraire il détestait les défauts, mais parce qu'il partageait avec tout le monde officiel l'idée que les *Junkers* forment une caste indispensable à la conservation de l'esprit militaire et bureaucratique en Allemagne et qu'il fallait par conséquent les soutenir, dût-on pour cela grever les autres classes sociales.

Il était naturel qu'une partie de l'Europe continentale suivît cet exemple, et que les oligarchies, toujours naissantes sur la fortune des peuples, profitassent de l'occasion pour proclamer, avec plus ou moins de retouches, la doctrine allemande.

24. — En attendant, la lutte commerciale, rendue plus acharnée économiquement et moralement par les méthodes de l'économie nationaliste, avait produit un triple effet :

1º une concentration exagérée de richesses à l'intérieur dans les mains de quelques-uns, aggravant la gêne et le mécontentement des masses, qui, malgré tous les sophismes de la rhétorique nationaliste, comprenaient très bien que cette concentration avait en grande partie lieu à leurs dépens ;

2º une recherche ardente de marchés étrangers, donnant lieu à une politique de conquêtes et d'accords coloniaux de plus en plus dangereuse et excitant de plus en plus aux dépenses militaires;

3º un état chronique de surproduction, dépendant de ce que chaque nation voulait avoir dans chaque branche une industrie à elle ; que chacune de ces industries était forcée de suivre la loi de la production en grand pour atteindre le minimum du coût; et que naturellement cette fabrication gigantesque et fébrile de « doubles » ne pouvait enfanter que des moins-values et des crises.

Ainsi donc, même au point de vue économique, la dégénération du principe de nationalité, au fur et à mesure qu'il approchait de sa dernière élaboration logique, coopérait à la préparation de la crise dont le vaste conflit actuel marque le point résolutif.

25. — A rendre plus dégoûtante l'attitude de ces oligarchies concourait le fait, ignoré des masses, que ces hérauts du nationalisme n'hésitaient pas, quand il s'agissait de brasser de bonnes affaires, à faire, en tapinois, de l'internationalisme.

Si quelqu'un daigne lire le chap. V de *The Political Economy of War* de l'illustre ex-directeur de l' « Economist » F. W. Hirst, il verra avec quelle fraternité les grandes maisons anglaises, allemandes, françaises, russes et américaines, célèbres constructrices des plus colossaux engins de guerre terrestres et navals, et grandes fournisseuses de leurs gouvernements respectifs — qui les aidaient de toutes façons — s'accordaient entre elles pour se répartir le marché du monde et pour échanger leurs brevets ; sans exclure le cas où tel de leurs représentants, après avoir reçu une commande d'un gouvernement, allait la communiquer aux représentants de la nation rivale pour en obtenir une seconde, et puis, ébruitant au moyen de la presse nationaliste la nouvelle de ce regain d'armement, faisait exciter l'opinion publique pour que son propre gouvernement lui en fît une troisième. C'est de cette façon que l'air ambiant était échauffé, que la presse alarmiste faisait partout son œuvre, que les commandes d'armes et de navires se multipliaient, que les affaires se répartissaient fraternellement entre les fabricants coalisés, et que ceux-ci internationalisaient le nationalisme !

Que l'on place ces exemples de nationalisme économique à côté des effets positifs et négatifs du na-

tionalisme politique : positifs, en tant qu'ils poussaient
au particularisme, à la jalousie et à l'oppression ; négatifs, en tant, comme nous l'avons vu, que le nationalisme est incapable de résoudre quelques-uns des
plus importants problèmes politiques, et l'on aura un
tableau assez précis des responsabilités qui pèsent sur
le principe national dans le conflit actuel et de la nécessité de le remplacer par ce que lord ACTON appelle
« le principe de la liberté ».

Chapitre III.

La nouvelle Europe.

———

26. — Tout le monde semble, aujourd'hui, plus ou moins convaincu de cette nécessité. Le contenu idéal de ce long conflit a peu à peu subi une transformation qu'il est bon de préciser.

La conflagration initiale, en 1914, a éclaté sous forme de guerre de nations; c'est sur le principe, l'intégration et la défense de la nationalité que le problème a été posé. L'Allemagne avait toujours trouvé, dès la première moitié du XIXe siècle, bien avant donc de se constituer en Empire, que ses énergies nationales avaient besoin, pour se développer complètement, de la possession de certains pays où la race allemande avait une prépondérance numérique ou économique. Cette idée reparaît, sans solution de continuité, dans une série d'ouvrages de date et de mérite différents: depuis le *Système national d'économie politique* de Frédéric List (de 1841), jusqu'à *La plus grande Allemagne* de Tannenberg (de 1910).

A ce rêve du nationalisme pangermanique s'opposent principalement les pays latins, qui, à leur tour, puisque la guerre est déchaînée, en profitent pour réaffirmer et tâcher de réaliser leurs postulats nationaux et nationalistes : l'Alsace-Lorraine, le Trentin, l'Istrie, les zones d'influence en Asie et en Afrique.

La lutte s'inaugure donc avec un caractère national, auquel de vastes intérêts d'« économie nationale » servent de substratum. C'est le premier période de la guerre européenne.

Deux éléments concourent à former le second : la prolongation du conflit; l'entrée en campagne de l'Angleterre et puis des États-Unis. Ces deux nations sont les seules qui aient pris part à la lutte sans se proposer de réaliser aucun profit qui soit mesurable par territoire et population. Équivalant eux-mêmes à de vrais continents, l'un beaucoup plus grand que l'Europe, et l'autre égal aux 10/11 de cette partie du monde, avec une population respectivement de 433 et 105 millions d'habitants, l'Empire anglais et la République des États-Unis ont déjà dépassé le concept de nationalité et ont réalisé ce qui se désigne par le terme intraduisible de *Commonwealth*; c'est-à-dire une union de différents peuples, nationalités, principes, religions, législations : différents mais fondus indissolublement en des rapports idéals, d'où jaillissent des intérêts matériels et politiques de premier ordre.

Il était par conséquent naturel, vu leur composition spéciale, leur mentalité politique et les buts qu'ils se proposent, que ces deux États fussent, dans le groupe de l'Entente, les premiers à attribuer — ainsi que l'a bien fait voir lord Lansdowne dans sa fameuse lettre au « Daily Telegraph » — moins d'importance au concept des réalisations territoriales qu'à celui de la *sécurité*: c'est-à-dire à créer un tel état de choses qu'à l'avenir il soit extrêmement difficile de déchaîner un fléau pareil à celui qui nous torture en ce moment.

Aussi l'intervention de l'Angleterre et des États-Unis modifie-t-elle la guerre tout d'un coup: d'abord dans son rythme, en tant que la guerre européenne se transforme en un conflit de continents, qui engage également toutes les parties du monde; ensuite — un peu en vertu même de cette extension imprévue — en tant qu'elle entraîne dans la mêlée de vastes fédérations de peuples qui sont au delà et au dessus du concept de nationalité, et qu'elle transforme ainsi l'ancienne idéologie du continent européen en une idéologie d'un caractère tout à fait imprévu et nouveau.

D'autre part, la longueur du conflit, la difficulté d'y mettre fin par une victoire stratégique décisive, la crainte surtout qu'une victoire d'écrasement pourrait bien ne convenir ni au vainqueur ni au vaincu, fortifient considérablement cette conception anglo-américaine, dans le sens que, dans chaque État de l'Entente et de la « Mittel-Europa », elles opposent les démocraties aux éléments conservateurs, c'est-à-dire au militarisme, à l'autocratie, au protectionnisme agraire des *Junkers*, à celui des industries pesantes: en un mot, à tout cet ensemble de forces auxquelles s'appuyaient les pays du Continent européen et qui, sous l'égide de la nationalité, coopéraient sans relâche à la création des conflits d'idées, d'intérêts, d'armes.

Voilà pourquoi une psychologie vraiment nouvelle est en train de se faire jour. On a conscience de ce que cette guerre a déjà tant coûté de sang, de douleurs morales, de richesses, que nulle conquête de territoires, nulle réalisation des anciens idéals ne suffira jamais à en payer les frais. En même temps, à l'intérieur de chaque État, les classes humbles, qui ont donné et qui donnent une si large contribution à la lutte et à la résistance, sont devenues précocement adultes et sentent avec une intensité spéciale le poids de toute cette législation impérialiste, qui, peu à peu, sous une forme plus ou moins accentuée, dans beaucoup de pays du continent européen, distinguait nettement le gouvernement des riches des intérêts des pauvres. On se tromperait fort si l'on croyait qu'après la guerre les choses reprendront leur train sur le même rythme et avec la même conception politique et économique qu'avant 1914. Les classes pauvres ont senti et constaté l'importance de leur rôle dans le conflit: elles se sont aperçues que, dans les tranchées, dans les usines et dans les campagnes, leur œuvre est effectivement indispensable à la chose publique: dans la communauté des dangers elles ont puisé une vision plus précise de leur dignité, elles se sont habituées à traiter leurs maîtres de pair à pair, elles voudront demain une plus large part aux joies de la vie et à la politique de leur pays : elles prétendront que, si des luttes doivent encore s'engager, elles aient lieu avec leur consentement, en vertu d'une politique de contrôle et de lumière.

Durant cinq années, l'élite des soldats de l'Europe et de l'Amérique du Nord, c'est-à-dire de deux Continents, a refait son éducation, à l'âge de 18 à 40 ans, à la rude école de la guerre et de la tranchée. En même temps, d'autres dizaines de millions d'hommes et de femmes travaillaient d'arrache-pied au front intérieur, renonçant à d'anciens privilèges trade-unionistes, s'adaptant à de nouvelles méthodes, s'éduquant à de nouvelles idéalités. Dans cet ardent creuset, les défauts du monde d'avant la guerre nous sont apparus en pleine lumière ; les idéals qui, auparavant, embrasaient notre vie quotidienne ne nous émeuvent plus aujourd'hui ; il nous semble d'avoir vieilli d'un siècle et de sentir, par contre, centuplées dans notre for intérieur les énergies humaines qui devront servir de base au monde nouveau. Il nous paraîtrait donc absurde que ces énergies fussent de nouveau jetées au vent, exploitées pour des fins misérables, gaspillées faute de bonne organisation politique.

De là un double mouvement créé par la guerre : mouvement d'États, qui voient pâlir, et presque s'évanouir, l'importance des motifs pour lesquels ils sont partis en guerre ; mouvement de classes, à l'intérieur de chaque État, vers une révision des valeurs politiques et sociales, et aboutissant à un jugement de plus en plus sévère des idéals et des intérêts qui ont provoqué un conflit apparemment sans issue.

Sans issue: car on ne peut plus concevoir aujourd'hui, entre des États puissants, hautement civilisés, conscients de leur rôle historique, l'hégémonie durable des uns sur les autres. Aussi, come le disait Wilson dans le fameux discours où il lança le premier l'idée de la Fédération des nations, le triomphe d'un groupe sur l'autre, loin d'être définitif, donnerait lieu à l'intensification de ces réactions inévitables, par lesquelles les peuples vaincus prépareraient fatalement leur revanche.

Ainsi donc, pendant que des hommes tels que Wilson ne peuvent, de leur point de vue, admettre que l'Europe ait le droit de s'entre-égorger pour une politique et une économie nationales, au sein même des États européens surgissent de nouveaux idéals, qui trouvent que le principe de nationalité — dans son acception politique — commence à être suranné et peut, comme tant d'autres institutions humaines, faire beaucoup plus de mal que de bien.

La manifestation positive de ce principe se concrète dans les allusions de plus en plus fréquentes, que tous les hommes d'État sont en train de faire, à la nécessité de donner à l'Europe de demain une règle internationale, supérieure à la volonté des États particuliers, et munie de force coactive, pour éviter autant que possible, qu'ils aient ultérieurement recours à la violence armée. Telle est l'idée qu'ont exprimée Bethmann Hollweg, soutenue Asquith, énoncée la Note pontificale, acceptée le comte Czernin parlant aux Délégations, répétée Lloyd George et, avec plus d'énergie et de précision encore, Wilson.

Lloyd George la formule ainsi: « Nous devons tâcher de créer une organisation internationale, qui permette de limiter le poids des armements et de diminuer les chances de guerre ».

27. Les quatre principes de Wilson. — Dans son célèbre discours présidentiel de 1916, Wilson présentait, comme nécessaire à la paix durable, la vision d'une Europe fédérale, qui, probablement, dans sa pensée devait approcher de la forme constitutionnelle des États-Unis.

Plus tard, à la fin de 1917, quand la République américaine était déjà entrée dans le conflit, il reprenait son idée et résumait les finalités de la guerre dans quatorze postulats, dont voici le dernier: « Il devra se former une société générale des nations, sur la base de conventions spéciales, dans le but de fournir des garanties mutuelles d'indépendance politique et d'intégrité territoriale aux grands, comme aux petits États ».

Ce postulat — joint aux précédents, qui abolissent la diplomatie secrète, sanctionnent le désarmement par terre et par mer, aplanissent les revendications coloniales, annulent les acquisitions de territoires dues à la guerre, et satisfont certaines aspirations nationales — conduit précisément à une forme de fusion, dont le but final devrait être la détermination d'un Conseil supérieur des États européens, juge sans appel des différends qui pourraient éclater entre eux à l'avenir.

Enfin, cette année-ci, le 3 juillet, lors des fêtes célébrant aux États-Unis la proclamation de l'indépendance, Wilson, dans un discours, prononcé devant la tombe de Washington, définit à nouveau les finalités de la guerre en ces termes: « Voici quels sont les buts pour lesquels les peuples alliés du monde combattent et qui doivent être acceptés par leurs ennemis avant que la paix puisse de nouveau régner:

I. — « Destruction de tout pouvoir arbitraire, en quelque lieu qu'il soit, qui puisse isolément, secrètement et par sa seule volonté troubler la paix du monde. Si ce pouvoir ne peut être détruit actuellement, le réduire au moins à une impuissance virtuelle.

II. — « Solution de toute question relative soit aux territoires, soit à la souveraineté nationale, soit aux accords économiques et aux relations politiques, sur la base de la libre acceptation de la solution même de la part du peuple directement intéressé, et non sur la base de l'intérêt matériel et de l'avantage de toute autre nation, ou de tout autre peuple qui puisse désirer une solution différente pour sa propre influence à l'étranger ou pour son hégémonie.

III. — « Consentement de toutes les nations à se laisser guider dans leur conduite réciproque par les mêmes principes d'honneur et de respect à la loi commune de la société civile qui gouvernent les citoyens pris individuellement de tous les États modernes dans leurs rapports réciproques, de telle sorte que toutes les promesses et toutes les conventions soient religieusement observées, qu'il ne soit ourdi aucun complot ni aucune conspiration particulière, qu'il ne soit impunément porté aucun préjudice dans un but égoïste et qu'il règne une confiance réciproque, basée sur le noble fondement du respect mutuel du droit.

IV. — « Institution d'une organisation de paix, qui donne la certitude que le pouvoir combiné des nations libres empêchera toute surprise sur le droit et contribuera à assurer encore davantage le respect de la paix et de la justice par la création d'un vrai Tribunal, dont les décisions devront être acceptées par toutes les nations et qui sanctionnera toute modification internationale, sur laquelle les peuples directement intéressés ne puissent s'accorder à l'amiable ».

Le nœud vital.

28. Ligue des nations, ou Europe fédérale ? — Notre avis, sans hésitation, est que, si l'on tient pour de bon à rendre impossible en Europe le retour du phénomène de la guerre, une seule voie est ouverte, qu'il faut avoir la hardiesse de considérer : *la fédération des États européens sous un pouvoir central qui les régisse et les gouverne*. Toute autre vision plus ténue n'est qu'un trompe-l'œil.

Nous ne saurions où trouver un plus précis commentaire à cet état de nécessité que dans l'ouvrage de Curtis, déjà cité plusieurs fois : *The Commonwealth of Nations*. L'expérience historique, cette fameuse expérience qui devrait être — mais qui ne l'est pas — *magistra vitae*, démontre : 1º la fin stérile de tous les essais, accomplis parfois pendant une assez longue durée, de « Sociétés de nations », consistant en des confédérations d'États souverains ; 2º le succès de plus en plus grandiose de cet autre type de société de nations, qui consiste dans la transformation d'États souverains en provinces d'un État unique confédéré.

L'expérience historique, disons-nous, corrobore sur ce point notre conviction par l'unanimité de suffrages séculaires. Nous voyons se dissoudre piteusement la plus ancienne des Confédérations, celle des cités grecques de l'an 470 avant J.-C., pour laquelle elles contribuaient au trésor commun de Délos et qui préserva l'Europe de la civilisation asiatique. Mais le manque d'une autorité centrale, qui rendît coactive pour chaque État particulier la volonté commune, conduisit à la décadence et à la dissolution de la Confédération, aux luttes fratricides, à l'hégémonie d'Athènes d'abord, de Sparte ensuite, et enfin à la chute des républiques sous l'empire macédonien. C'est pour des motifs et des défauts presque identiques, que nous voyons au XVIII⁰ siècle déchoir la Hollande qui, dans les Provinces Unies, avait créé une société de nations, mais non pas une nation fédérale. C'est ainsi que le Saint Empire Romain avait, de l'an 800 à l'an 1806, formé le plus vaste rêve d'assembler sous un seul empereur une société des nations. Mais le pouvoir de l'Empereur était fixé par l'arbitre des princes, des évêques, des cités libres, des électeurs. Pendant dix siècles il ne fit que consumer les forces de la Papauté et de l'Empire, de l'Allemagne et de l'Italie, dans une vaine lutte pour une vaine puissance, et tous les historiens, depuis BRYCE jusqu'à TREITSCHKE, ont remarqué que c'est à cette lutte que l'Allemagne et l'Italie doivent de s'être unifiées si tard.

Et nous avons déjà rappelé comment, après vingt années de guerres napoléoniennes, on avait essayé de créer une Société des nations dans la Sainte-Alliance, qui engageait les États participants « à rester unis par les liens d'une véritable et indissoluble fraternité, considérant tous leurs sujets comme des concitoyens et se

prêtant en toute occasion aide et assistance réciproques ».
Le résultat, nous l'avons aussi vu !

L'exemple classique : Mais l'exemple typique, qui
fait voir comment une seule et même communauté a
dû — pour les raisons mêmes de son existence — passer
du type de la ligue d'États souverains et indépendants
à celui, plus complexe, d'une union d'États gouvernés
par un pouvoir central, nous est offert avec la plus
haute clarté et évidence par l'histoire des États-Unis
d'Amérique. On sait qu'ils ont passé par deux consti-
tutions: la première, disposée par un Congrès de
13 États en 1776 et approuvée par les États mêmes
en février 1781; la seconde, approuvée par la Convention nationale du 17 septembre 1787 et entrée en
vigueur en 1788.

La comparaison entre les deux documents explique
pourquoi le premier faillit ruiner l'indépendance et la
liberté même de la jeune Union, tandis que le second a créé la République que nous admirons tous
aujourd'hui.

La constitution de 1781 commençait par affirmer la
souveraineté des États particuliers. L'art. II dit ex-
pressément: « Chaque État conserve sa propre souveraineté, liberté et indépendance, tout pouvoir, juridiction
et droit... ». L'art. XIII sanctionnait, il est vrai, que
les États devaient se considérer comme « liés par les
délibérations des États-Unis réunis en Congrès » ; mais,
comme Curtis le fait remarquer, l'art. XIII entrait

en perpétuelle collision avec l'art. II. L'essence de la souveraineté est la toute-puissance légale et ne peut reconnaître une souveraineté supérieure, sans se détruire elle-même. Hamilton, Washington, tous les hommes éminents de la Confédération virent le danger et le signalèrent. Les faits furent ensuite plus forts et plus éloquents que tout commentaire. Ainsi que l'écrit un brillant critique du « Corriere della Sera » (1): « Ces sept années d'existence, de 1781 à 1787, de la 'société' des 13 nations américaines, avaient été des années de désordre, d'anarchie, d'égoïsme, capables de faire regretter à bien des patriotes la domination anglaise et de faire désirer de bien des gens l'avènement d'une royauté solide. On l'offrit, même, à Washington; mais celui-ci la refusa en des termes douloureux, qui trahissaient sa crainte de voir se perdre l'œuvre à laquelle il avait travaillé pendant si longtemps. La racine du mal consistait précisément dans la souveraineté et l'indépendance des 13 États. Précisément parce que la Confédération n'était qu'une « société » de nations, elle n'avait pas de souveraineté à elle, pas de possibilité de prélever directement des impôts des citoyens. Elle dépendait, pour la solde de l'armée et pour l'acquittement des dettes contractées pendant les guerres de l'indépendance, du bon plaisir des 13 États souverains. Le Congrès national votait des dépenses, engageait la parole de la Con-

---

(1) *La Société des Nations est-elle un idéal possible ?* de JUNIUS, n° 5 de 1918.

fédération et, pour avoir les ressources nécessaires,
adressait des demandes d'argent aux États particuliers. Mais, ou bien ceux-ci négligeaient tous de répondre, ou bien aucun d'eux ne voulait être le premier
à verser sa contribution dans la caisse commune.
« Après quelques efforts » — écrit le juge MARSHALL,
dans sa classique *Vie de Washington*, en résumant les
appels désespérés et les plaintes amères qu'on lit par
centaines dans les lettres du grand général et grand
homme d'État — « après quelques efforts tentés pour
rendre le système fédéral propre à atteindre les
grands buts en vue desquels il avait été institué, toute
tentative parut vaine et les affaires américaines s'ache-
minèrent rapidement vers une crise, d'où dépendait
l'existence des États-Unis comme nation... Un Gouvernement autorisé à déclarer la guerre, mais dépendant d'États souverains quant aux moyens de la conduire, capable de contracter des emprunts et d'engager
la foi publique à leur payement, mais dépendant de
treize différentes législatures souveraines pour la pré-
servation de cette foi, ne pouvait se soustraire à la
honte et au mépris que si tous ces gouvernements
souverains étaient régis par des hommes absolument
libres et supérieurs aux passions humaines ». C'était
prétendre l'impossible. Les gens munis de pouvoir
n'aiment pas à déléguer ce pouvoir à d'autres; et il
est par conséquent presque impossible, conclut le bio-
graphe, « d'accomplir quoi que ce soit, même un acte
très important, si cet acte dépend du consentement

de beaucoup de Gouvernements souverains distincts ».
Et un autre grand écrivain et homme d'État, l'un des
auteurs de la constitution de 1787, Alexandre Hamilton,
résumait comme suit, en une phrase lapidaire, la cause
de l'insuccès de la première société des nations américaines : « Le pouvoir, sans le droit de lever des
impôts, dans les sociétés politiques est un mot vide
de sens ».

Les douloureux événements de ces tristes années,
les lettres solennelles de Washington, dans lesquelles
le mal était dénoncé dès 1783 et auxquelles l'histoire
de chaque jour apportait de continuelles confirmations,
conduisirent à la constitution de 1788.

Dans celle-ci il n'est plus fait mention d'une « union
d'États souverains ». C'est le peuple entier des États-
Unis qui plante le jalon et réalise les conditions essentielles de la « Commonwealth ». Le préambule de
la constitution de 1788 — qui est foncièrement la
même que l'actuelle — dit solennellement: « Nous,
les peuples des États-Unis, dans le but de fonder une
union plus parfaite, d'établir la justice, d'assurer la
tranquillité à l'intérieur, de pourvoir à la défense commune, de procurer le bien-être général et d'assurer
les bienfaits de la liberté à nous-mêmes et à nos successeurs, décrétons et établissons la présente constitution pour les États-Unis d'Amérique ».

Elle constitue en effet le gouvernement central,
avec un pouvoir législatif et un pouvoir exécutif. A ce
gouvernement sont accordées les facultés nécessaires

pour « rassembler les milices chargées d'exécuter les lois de l'Union, de réprimer les insurrections et de repousser les invasions » ; pour « déclarer la guerre » ; pour « recruter et entretenir des armées » ; pour « construire et entretenir une flotte » ; pour « imposer et percevoir les taxes, les droits, les impôts, les accises, payer les dettes, pourvoir à la défense commune et au bien-être général des États-Unis » ; pour « régler le commerce avec l'étranger ». Enfin elle détermine (art. III) le pouvoir judiciaire central et en fixe les attributions.

C'est à partir de ce moment que les États-Unis commencèrent à exister pour de bon, et qu'ils furent à même de surmonter au mieux des crises formidables, comme celle de la guerre de sécession.

29. — Lord ACTON a la phrase heureuse, quand il affirme que c'est dans la « grande cucurbite de l'État fédéral » que se précipitent les scories des intérêts particularistes, lesquels trouvent au contraire aide et aliment dans l'État national.

Critiquant le principe inspirateur de la Sainte-Alliance, J. DOVER WILSON a, dans *The War and Democracy*, un superbe chapitre sur l'idée nationale en Europe, où se lit ce qui suit: « Il est à espérer que le principe dynastique n'attentera jamais plus à la paix et au progrès du monde ; mais il existe des intérêts puissants, autres que l'intérêt dynastique. Pendant le dix-neuvième siècle le développement économique a imprimé un élan énorme au mouvement international et en général au cosmopolitisme. Malheureusement le développement politique, quelque important qu'il ait été, n'a pas marché de concert avec le développement économique; en d'autres termes, il se peut encore qu'en bien des pays une petite oligarchie régente la machine politique. Et puis, s'il est au monde quelque chose de plus international que le Travail, c'est le Capital; ainsi que l'a démontré Norman Angell, le capitaliste est la personne qui souffre le plus d'une guerre internationale, et celle qui a le plus à gagner de son abolition. Il est certain que le capital européen dira son mot lors des pourparlers et exercera une action considérable dans le nouveau Concert Européen, tel qu'il pourra être constitué. Supposons maintenant — hypothèse plausible — qu'une entente de capitalistes obtienne la haute main sur quelque pays politiquement arriéré, comme la Russie, et supposons encore qu'une grave crise éclate dans le domaine du travail en Angleterre ou en France; ne pourrait-il pas alors se vérifier dans la conférence internationale une entente ayant pour but de transférer des troupes russes en occident « pour préserver les droits sacrés de la propriété et de la tranquillité en Europe »? Cette supposition pourra paraître fantasque: mais ce fut précisément de cette façon et sur des bases identiques que la Sainte-Alliance se mêla des affaires intérieures des pays européens pendant la seconde et la troisième décade du siècle dernier, et que pas plus anciennement qu'en 1849 on vit la Russie, demeurée fidèle aux principes d'il y avait trente ans, accourir en aide à l'Autriche pour la suppression de la liberté en Hongrie ».

Ce danger n'est point du tout imaginaire. Que l'on feuillette, par exemple, *La nouvelle liberté* — ouvrage écrit de main de maître par l'illustre président des États-Unis, WOODROW WILSON — et l'on aura une idée du menaçant degré de puissance où peuvent parvenir les oligarchies financières, spécialement quand elles sont surnourries par un protectionnisme excessif.

Mais il est évident qu'elles n'auront jamais la possibilité de se transformer en force oppressive, si, au lieu d'une Ligue de nations, il existe un État fédéré, au Congrès duquel tous les groupes sociaux soient représentés proportionnellement et qui ait une seule armée, composée d'éléments résultant de la fusion de toutes les nations et assise sur une base démocratique.

Ici encore l'exemple américain est décisif. L'avènement de Wilson à la présidence a précisément marqué la victoire de ces forces démocratiques qui devaient, par une nouvelle politique douanière et législative, brider à temps les éléments oligarchiques.

30. L'opinion des écrivains. — Deux grands écrivains politiques anglais, lord ACTON et SIDGWICK, ont soutenu avec éloquence l'impossibilité que la vraie liberté soit obtenue et maintenue autrement que par le moyen d'un grand État fédéral, qui fonde et harmonise les forces qu'enfante le contact pacifique des nationalités, leur permettant ainsi de développer les qualités propres de chaque race, non plus pour qu'elles s'entre-froissent, mais pour qu'elles s'entr'affinent amiablement.

Le premier de ces auteurs écrit : « La théorie qui représente la nationalité comme un élément essentiel, mais non suprême, dans la détermination des formes de l'État, ne se rattache à celle-ci que par leur aversion commune à l'égard du gouvernement absolu. Celle-ci se distingue de celle-là, en ce qu'elle tend à la variété et non à l'uniformité, à l'harmonie et non à l'unité ; en ce qu'elle ne veut pas de modifications arbitraires, mais un respect scrupuleux des conditions existantes de la vie politique, et en ce qu'elle obéit aux lois et aux enseignements de l'histoire, non pas aux aspirations d'un idéal futur. Tandis que la théorie de l'unité fait de la nation une source de despotisme et de révolution, la théorie de la liberté la considère comme le rempart du « self-government », et comme la digue la plus sûre contre les possibles débordements de l'État. Les droits privés, qui sont sacrifiés à l'unité, sont respectés par l'union des nations. Aucune force ne peut résister avec autant d'efficacité aux tendances de la centralisation, de la corruption et de l'absolutisme, que la communauté qui est la plus grande de celles que puisse contenir un État, qui imprime à ses membres une ressemblance de caractère, d'intérêt et d'opinions, et qui arrête l'action de la souveraineté à l'influence d'un patriotisme dosé.

« La coexistence de plusieurs nations sous la même souveraineté est pareille dans ses effets à l'indépendance de l'Église dans l'État. Elle réagit contre la servilité qui fleurit à l'ombre d'une autorité unique, en balançant des intérêts, en multipliant des associations, en donnant au citoyen l'appui d'opinions réunies. De la même manière elle favorise l'indépendance, en constituant des groupes définis d'opinion publique et en créant une grande source et un grand centre de sentiments politiques et de notions de devoir qui ne découlent pas de la volonté souveraine. La liberté engendre la variété et la variété sauvegarde la liberté, en fournissant les moyens d'organisation. Toutes ces portions de la loi qui gouvernent les relations des hommes entre eux, et qui règlent la vie sociale, sont le résultat variable de l'usage national et la création de la société privée. En cela les nations diffèrent les unes des autres, parce qu'elles ne doivent pas ces différences à l'État qui les préside. Cette variété dans le même État enraye les empiètements politiques du gouvernement. L'intolérance contre la liberté sociale, innée dans l'absolutisme, est sûre de trouver dans les différentes nationalités un correctif qu'aucune autre force ne pourrait garantir aussi puissamment. La coexistence de plusieurs nations dans le même État est à la fois la preuve et le meilleur gage de sa liberté. Elle est aussi un des principaux instruments de civilisation ; comme tel, elle est dans l'ordre naturel et providentiel et décèle un état de progrès beaucoup plus avancé que cette unité nationale qui forme l'idéal du libéralisme moderne.

« La combinaison de plusieurs nations en un seul État est une condition de vie civile aussi nécessaire que la combinaison de plusieurs hommes en une société. Des races inférieures s'ennoblissent en vivant dans une union politique avec des races intellectuellement supérieures. Des nations épuisées et décadentes revivent au contact d'une vitalité plus jeune. Des nations où les éléments d'organisation et la capacité de gouverner se sont perdus, soit sous l'influence démoralisante du despotisme, soit sous l'action désintégratrice de la démocratie, se restaurent et se rééduquent sous la discipline d'une race plus forte et moins corrompue. Ce processus fécondateur et régénérateur ne peut s'obtenir qu'en vivant sous un gouvernement unique. C'est dans la grande cucurbite de l'État que s'effectue la fusion en merci de laquelle la vigueur, la civilisation et la capacité d'une partie de l'humanité peuvent être communiquées à une autre partie. Là où les frontières politiques et nationales coïncident, la société cesse de progresser, et les nations retombent dans une condition correspondant à celle des hommes qui renoncent à communiquer avec les autres hommes.

« Le Christianisme a beaucoup profité de ce mélange de races et une des missions de l'Église a été de négliger les différences nationales. La période de sa suprématie indiscutée a été celle où toute l'Europe occidentale obéissait aux mêmes lois, où toute la littérature employait le même langage, et où l'unité politique de la chrétienté était personnifiée en un seul potentat, pendant que son unité spirituelle était représentée en une universalité. C'est après le moyen âge que parurent un système de nations et une nouvelle conception de la nationalité. Aux temps grossiers du paganisme les nations se distinguaient par les plus profondes différences de religion, de mœurs, de langage et de caractère. Sous la nouvelle loi, elles eurent bien des choses en commun; les vieilles barrières qui les séparaient furent abattues et le nouveau principe du gouvernement autonome, que la Chrétienté imposait, les mit à même de vivre ensemble sous la même autorité, sans besoin de perdre leurs propres habitudes favorites, leurs propres mœurs, ou leurs propres lois. La nouvelle idée de liberté fit une place pour les différentes races dans l'État unique. Une nation cessa d'être ce qu'elle avait été autrefois — la postérité d'un ancêtre commun ou le produit aborigène d'une région donnée, c'est-à-dire le résultat de causes purement physiques et matérielles — mais devint un être moral et politique; non pas la création d'une unité géographique ou physiologique, mais le développement historique d'une action de l'État. Un État peut dans le cours des temps produire une nationalité; mais qu'une nationalité doive constituer un État, c'est contraire à la nature de la civilisation moderne ».

Sidgwick, avec non moins de profondeur quoique avec plus de concision, touche au point vital de la question, lorsqu'il écrit : « Notre idéal politique, plus élevé, n'admet pas pour les États des bornes qui barrent la route à une plus haute justice. Au point de vue de celle-ci, nous ne devons pas plus admettre les guerres entre les nations, que nous ne les admettons comme forme de réparation des torts entre privés. Cela étant, nous ne pouvons reconnaître comme normale l'existence d'un nombre de communautés tout à fait indépendantes au point de vue politique, parce qu'elles tendront irrésistiblement à faire résoudre leurs différends par la guerre.

« Cependant la substitution d'un jugement arbitral aux guerres *implique la sujétion des rapports entre les différents États à une espèce de gouvernement commun, capable de réduire par la force les récalcitrants*; car il n'est pas présumable que des décisions judiciaires exécutables autrement que par la contrainte puissent éliminer les guerres. De là l'idée d'une fédération européenne ou au moins d'une fédération des États de l'Europe occidentale.

« Dès le commencement de l'histoire de l'Europe, la tendance à former des sociétés politiques de plus en plus vastes accompagne le développement de la civilisation. Les traditions d'Athènes et de Rome prouvent que ces villes-États furent formées par la cohésion de parties qui se considéraient auparavant comme étrangères, ou comme ennemies ; et la même tendance à se combiner en des agrégats de plus en plus considérables se retrouve dans l'histoire primitive des tribus germaniques. L'histoire générale en offre beaucoup d'autres exemples, jusqu'à ce que l'Amérique du Nord présente le type d'une société politique qui maintient la paix intérieure sur une région plus grande que l'Europe Centrale.

« Ces grands agrégats se forment ordinairement sous le poids de quelque grave menace extérieure. Mais il n'est pas dit que le coût des guerres, le caractère prédominamment industriel des sociétés politiques actuelles, la croissante vogue et facilité des communications entre Européens, et la plus vive conscience qui en dérive de leur civilisation commune, ne puissent, avant que beaucoup de générations ne se soient écoulées, conduire à une grandiose fédération d'États civilisés, assez forte pour mettre fin à toute guerre entre ses membres ».

31. Pourquoi une ligue d'États autonomes et privés d'une autorité fédérale ne peut garantir contre les dangers des guerres. La diplomatie secrète. — Examinons, par exemple, le premier postulat de Wilson, celui où il répète son ancienne critique contre les accords secrets et la diplomatie secrète. Nombre de gens sont aujourd'hui disposés à croire que c'est justement à cette œuvre mystérieuse et irresponsable de la diplomatie qu'est due en grande partie la maturation d'un état de choses qui a pu conduire à la guerre actuelle. Beaucoup croient qu'en changeant les ministres des affaires étrangères on peut changer le sort d'une nation, précisément comme ils pensent que la circulaire d'un chef de division ou les vœux d'un congrès transforment les lois de l'économie.

La diplomatie d'un pays, surtout s'il est gouverné sous des formes constitutionnelles, est quelque chose de très complexe, où la volonté d'un diplomate né peut exercer qu'une influence très bornée et de courte durée. C'est bien plutôt l'action du diplomate qui est dirigée par l'ensemble des circonstances et des forces qui fonctionnent dans l'État. Le diplomate qui a le plus de chances de réussir, c'est celui qui a le mieux appris à mesurer l'ensemble des conditions des pays qui entrent dans sa combinaison, les énergies véritables et les apparentes, le degré d'instruction et les tendances des peuples, leurs aspirations idéales, la valeur des intérêts en jeu et ainsi de suite. C'est un tableau puéril et maniéré que celui qui représente les nations guidées, les yeux bandés, vers leurs destinées irréparables, par ces irresponsables mystérieux que sont les diplomates. Il est absurde d'affecter de croire qu'il puisse se faire de la politique étrangère contre la volonté de la majorité, si, bien entendu, par majorité on entend celle des intérêts et des valeurs, et non pas celle du nombre.

Il n'en est pas moins erroné de confondre les causes d'une guerre avec les occasions immédiates qui en ont déterminé l'explosion.

L'étincelle qui a donné lieu à la conflagration actuelle a été l'assassinat d'un archiduc. Mais nous devrions remplir toute une page, si nous voulions, même en abrégé, énumérer les causes de longue date, et de toutes sortes, qui avaient préparé la catastrophe.

Dans ces circonstances, il serait naïf de suivre les gouvernements à travers leurs livres verts, blancs, rouges, noirs, jaunes, etc., pour discuter si le ministre X a bien agi le tel jour et mal le tel autre, si la réponse à certain télégramme n'aurait pu avoir telle ou telle autre forme, etc. L'important est de savoir pourquoi la Mittel-Europa voulait se débarrasser de la Serbie; pourquoi, depuis quarante ans, le peuple allemand s'imprégnait d'une culture frappée au coin de l'esprit de domination et de conquête; pourquoi des millions de paysans russes illettrés haïssaient l'Autriche-Hongrie et tendaient leur esprit passionnel vers les Slaves lointains; pourquoi l'Angleterre déclara la guerre à l'Allemagne quoiqu'elle n'eût aucun engagement précis envers la France, et malgré son pacifisme déclaré et son écharde irlandaise; pourquoi cette déclaration resserra de but en blanc les liens moraux de tout l'Empire, qui donna son adhésion à la guerre avec un esprit d'ensemble insoupçonné; et pourquoi en Italie, malgré trente ans de Triple Alliance, toutes les consciences sentaient que, si une guerre devait être entreprise, ce ne pouvait être que contre l'Autriche.

Que l'on daigne examiner sérieusement les causes lointaines et complexes du conflit, et répondre aux questions que nous venons de poser, et l'on verra combien c'est rapetisser le problème que de lui donner pour cause la diplomatie secrète.

Après tout, celle-ci est partiellement et techniquement nécessaire; car aucun pays ne voudrait s'attacher à un autre, s'il pensait que chaque article du traité pourrait et devrait être discuté sur les marchés d'Europe. D'ailleurs, même avant la guerre, les lignes générales de la politique étrangère étaient parfaitement connues des parlements, les modalités seules échappant à leur contrôle.

Que pourrait faire de différent une ligue de nations, toutes indépendantes? Tant qu'il sera laissé à chaque État européen sa liberté actuelle d'administration et de conduite politique, qui pourra garantir l'inexistence de conventions secrètes? Qui pourra empêcher, tant que le vieil esprit vivra et règnera, que deux ou trois nations ne se mettent d'accord pour renouveler sur plus vaste échelle l'attentat de 1914?

Tant que nous laisserons subsister l'Europe actuelle partagée en divers États souverains, la politique étrangère sera démocratique ou féodale, non pas selon que la diplomatie secrète persistera ou non sur le papier, mais selon que l'esprit et l'éducation des peuples particuliers seront démocratiques ou féodaux. Autant dire que les choses iront toujours du même train.

32. Ligue de Nations et balance de Puissances. — Qu'est-ce, en fin de compte, que cette idée d'une ligue de nations, maintenant à chacune d'entre elles sa pleine souveraineté? Rien autre, à y bien penser, que l'idée élargié de la « balance des Puissances » ; c'est-à-dire un organisme cherchant à créer un équilibre stable dans la politique européenne.

Mais ce que l'histoire a démontré, c'est précisément la vanité de ce principe et les dangers qu'il renferme. Il est impossible de balancer des forces vives. Les nations, les États ne sont pas des masses inertes qui puissent être disposées en équilibre dans un système, mais des organismes vivants qui se développent, chacun avec son énergie particulière, d'après des lois naturelles qui nous échappent. Des conventions humaines ne peuvent pas en arrêter le développement naturel ; si elles l'essayent, elles ne font qu'ajouter une nouvelle cause de conflit à celles qui existaient déjà.

Tant que les intérêts de l'Allemagne ne seront pas fondus avec ceux de la France, de l'Angleterre, etc., à chaque pas que fera l'histoire le pacte international qui lie les nations entre elles se transformera en un lit de Procuste contre les tortures duquel les nations seront naturellement poussées à réagir, soit en modifiant régulièrement et périodiquement le pacte international, soit en le brisant.

La ligue des nations devient, dans ces conditions, le berceau d'une atmosphère de soupçons et de pièges, qui pourrait hâter, plutôt qu'éliminer, une nouvelle guerre européenne. Rien de tel que des conventions non observées, pour engendrer de nouveaux et plus graves différends.

Ce qui est sûr c'est que toute paix en Europe est un rêve, aussi longtemps qu'on n'aura pas créé les conditions démocratiques de liberté capables d'éliminer des énergies d'une démocratie saine et libérale tout ce qu'il y a d'agonistique dans le principe même de la nation-État. Pour avoir une constitution pacifique effective, sûre, solide, il faut briser ces forces égocentriques ; il faut créer une atmosphère qui rende impossible la reproduction des bacilles internes du militarisme, des oligarchies, de l'industrialisme protégé, de l'agriculture « politique ».

33. Le Tribunal suprême. — Vu et admis ce point fondamental, de l'incompatibilité potentielle entre la permanence d'États souverains et la formation d'une forte ligue des nations, tous les moyens imaginés pour mettre en œuvre celle-ci — et que Wilson, comme on l'a vu, résume en ce fameux tribunal suprême, aux sentences duquel toutes les nations devraient s'incliner — s'écroulent d'eux-mêmes.

Pour qu'un tribunal soit à même de faire valoir ses sentences, il faut qu'il soit doué de force coactive. Quelle sera donc la force coactive que les nations liguées feront agir?

Celle des armes? Mais voilà précisément ce que l'on voudrait exclure, sans quoi nous serions obligés de poursuivre de plus en plus la course aux armements, destinée à aboutir fatalement à une guerre. En outre ce serait un système dangereux, car si l'Allemagne, instruite par les événements du passé, parvenait à se procurer une complice dans le conflit à venir, le jugement du tribunal international risquerait fort d'être déchiré en mille morceaux par les dissidents, avec l'assentiment forcé des autres nations libres.

C'est pourquoi quelques-uns proposent que la ligue des nations se constitue en sanctionnant d'accord le désarmement proportionnel par terre et par mer et l'ouverture des marchés européens. Mais quels moyens pourra-t-on inventer pour empêcher qu'un État ne prépare, au moins en puissance, une organisation militaire supérieure à celle qui pourrait paraître au dehors et sur le papier? Les peuples les plus industriels et les moins démocratiques ne seront-ils pas toujours supérieurs aux autres dans la rapide organisation d'une armée?

Vu la possibilité et la facilité de construire les sous-marins par séries et vu le rapide perfectionnement de cette arme nouvelle, comment fera-t-on pour garantir la liberté absolue de la navigation sur les mers en temps de guerre, surtout si la nation qui a préparé les sous-marins s'est secrètement mise d'accord avec d'autres pour exécuter une rapide incursion? Et, si cette garantie n'est pas absolue, comment prétendre que l'Angleterre se soumette à l'énorme sacrifice de renoncer à la suprématie maritime, la seule garantie de sécurité pour son Empire, de salut en cas de conflit?

Enfin, tant qu'il existera des États indépendants,

comment appliquera-t-on la suppression des barrières douanières, de toute autre forme de protection, et la conséquentielle division du travail productif en Europe? Combien de moyens n'y a-t-il pas d'encourager indirectement les industries nationales et de ruiner les étrangères? S'est-on rendu compte de la vaste organisation d'intérêts qui s'est formée dans l'Europe continentale autour du protectionnisme, de l'esprit qu'elle alimente, des résistances passives incalculables qu'elle est à même d'entretenir?

Et cette critique de l'illusoire efficacité positive d'un Tribunal suprême n'est pas sans fondements. On va voir ce qu'en pensent des hommes éminents, par le passage ci-dessous, tiré de l'ouvrage récent (traduction anglaise), *Deductions from the World War*, du général et baron von Freytag-Loringhoven, un des plus grands écrivains militaires allemands, lequel, soutenant que dans un prochain avenir l'Allemagne devra encore accroître ses dépenses militaires, écrit les mots que voici : « On peut nous demander : A quoi bon parler de tout cela? N'est-il pas à peu près certain que l'épuisement général de l'Europe, après cette conflagration mondiale, éloignera de beaucoup le risque d'une nouvelle guerre, et que cet horrible carnage de Nations rendra inévitable le désarmement, pour préparer la voie à la paix perpétuelle?

« Nous répondons que personne ne peut se charger de garantir une longue période de paix, et qu'une paix durable n'est garantie que par de forts armements. Ce sont nos armements qui, quelque défectueux qu'ils aient été sous certains rapports, nous ont conservé la paix pendant quarante ans. En outre, une Puissance mondiale est inconcevable sans de correspondantes forces de terre et de mer. Mais une saine politique de domination par la force n'équivaut pas du tout à une glorification unilatérale de la guerre. Il est vrai qu'à certains égards les effets de la guerre sont bienfaisants. La guerre efface ce qu'on veut paraître, et met à nu ce qu'on est. Elle enfante les plus sublimes manifestations de la personnalité masculine, et le plus grand dévouement et sacrifice individuel pour le bien de la communauté. Mais cela n'empêche pas que les effets de la guerre ne soient terribles; que même, jugée d'après ces derniers, la guerre ne paraisse aux hommes civilisés une chose absolument insensée par rapport au sacrifice, à la destruction et à la souffrance qu'elle entraîne. Néanmoins, si convaincus que nous soyons que la guerre est un abominable péché contre l'humanité, cette conviction ne nous approche pas de la paix perpétuelle. La guerre a ses racines dans la nature humaine et, tant que la nature humaine sera ce qu'elle est, la guerre continuera à exister, comme elle a existé pendant des milliers d'années. La fameuse phrase de von Moltke: « *Les guerres sont inhumaines, mais la paix perpétuelle est un rêve, et même un vilain rêve* », continuera à être vraie. La guerre mondiale a aussi pleinement confirmé la justesse des paroles suivantes de Heinrich von Treitschke : « L'homme raffiné de société et le sauvage tiennent tous les deux de la brute ».

« *Nous interprétons mal la réalité, si nous nous imaginons qu'il soit possible de délivrer le monde de la guerre au moyen d'accords mutuels. De tels accords seront conclus de temps en temps à l'avenir comme ils l'ont été dans le passé. Le développement ultérieur de* Tribunaux Internationaux d'Arbitrage, *et par là l'élimination de causes de disputes, restent dans le domaine des possibilités ; mais, après tout, ces accords consisteront en des* Traités, *qui ne seront pas toujours capables de tenir en échec les forces en ébullition dans les États particuliers. Par suite l'idée d'une Ligue Universelle pour le maintien de la paix reste une utopie, et elle équivaudrait à une tutelle intolérable aux yeux d'une grande et fière Nation.*

« Le fait que c'est précisément le Président des États-Unis d'Amérique qui a péroré en faveur de cette fraternité des Nations doit susciter notre étonnement. La contenance de l'Amérique dans la guerre a montré que le pacifisme, tel qu'on le conçoit en Amérique, n'est qu'un pacifisme d'affaires, soit, au fond, pas autre chose qu'un grossier matérialisme. Cette vérité n'est pas modifiée par le fait qu'on l'enveloppe d'un manteau de nébuleux idéalisme, comme pour en cacher la réelle signification au public de bonne foi. Elle ne l'est pas davantage par l'appel qu'on adresse aux tendances démocratiques, puisque cette guerre prouve justement que ceux qui ont les rênes du gouvernement dans les grandes démocraties ont risqué à cœur léger l'avenir des peuples confiés à leur garde.

« En tout cas, pour ce qui nous regarde, nous, les Allemands, la guerre mondiale devrait nous délivrer pour toujours de tout vague sentimentalisme cosmopolite. Si nos ennemis — nos ennemis cachés et nos ennemis déclarés — affichent des sentiments de cette nature, c'est pour nous une preuve de leur hypocrisie.

« Ne faisons donc pas trop d'honneur aux phrases des prophètes modernes et respectons davantage les vues de nos bons vieux sages. Nous ne devons pas mettre la Force au-dessus du Droit, mais nous ne pouvons pas non plus nous passer de la Force. A l'avenir, comme dans le passé, le peuple allemand doit trouver sa force de cohésion dans sa glorieuse armée et dans sa jeune flotte qui se ceint de lauriers ».

En présence de ces conceptions, plus répandues qu'on ne le croit, même hors de l'Allemagne, on ne saurait accepter comme suffisante la proposition de donner de la vigueur aux sentences du Tribunal international par la menace d'exclure la Puissance rebelle des accords économiques. Cette sanction serait insuffisante :

1° parce que, si la Puissance en question se met d'accord avec d'autres États, elle peut constituer une force capable de résister au blocus économique pendant toute la durée d'une longue guerre ;

2° parce que cette résistance peut être facilitée par des accaparrements de matières premières et de comestibles, effectués avec largesse pendant l'avant-guerre.

34. — Un autre fort argument accable de tout son poids l'illusion de la puissance d'un Tribunal arbitral, entre des États qui soient exempts de tout lien fédéral.

Quelles seront les matières à confier aux décisions d'un pareil organisme? Aurons-nous peut-être la prétention de lui abandonner, par une déclaration générale touchant ses pouvoirs, toutes les matières qui concernent la vie, l'honneur, l'avenir des États particuliers? Comment pourrait-on concilier cela avec la souveraineté pleine et absolue reconnue à ces États? Treitschke a raison de déclarer à ce propos: « *La guerre ne sera jamais bannie du monde par la vertu de cours arbitrales entre les nations.* Dans les grandes questions vitales d'une nation, l'impartialité des autres membres de la Société des États est tout bonnement impossible. Ceux-ci ne peuvent pas ne pas être des partis, précisément parce qu'ils font partie d'une communauté vivante. S'il était possible que l'Allemagne commît la folie de remettre à un arbitrage la question de l'Alsace-Lorraine, quelle Puissance européenne pourrait être impartiale? Aucune, sans doute. C'est ce qui explique pourquoi les congrès internationaux sont bien capables de formuler les résultats d'une guerre, et de les ordonner juridiquement, mais non pas de conjurer une guerre ».

Cette assertion de l'historien allemand est plus que juste. Deux ou plusieurs États peuvent stipuler entre eux des conventions sur un ou plusieurs points communs et convenir en outre que, en cas de désaccord sur leur interprétation, ils s'en remettront à un jugement arbitral. Mais qu'un État confie en bloc à un jugement de pairs la solution de tous les problèmes qui peuvent l'intéresser de plus près, c'est absurde et antijuridique : d'autant plus, si cette convention générique est à échéance indéterminée. Et cela parce que, comme le fait remarquer TREITSCHKE, le sens des traités internationaux conclus « pour toujours » a toujours été celui-ci : « *à moins que les conditions des deux États ne changent complètement* ».

Mais, objecte-t-on, si au tapis vert de la paix une Puissance ne veut pas souscrire à l'arbitrage obligatoire et perpétuel, nous l'y contraindrons par la force armée, ou par l'arme économique. Soit : mais ce sera un fait imposé, et non librement accepté ; et si nous laissons à cet État libre souveraineté et libre armée, le temps viendra où nous pourrons nous apercevoir de la valeur pratique de cet autre « chiffon de papier ».

35. Les budgets après la guerre. — Des forces puissantes, des intérêts gigantesques poussent l'Europe vers la fédération. Un de ces intérêts est représenté par la possibilité de supporter le formidable poids financier que les frais de guerre nous laissent en héritage, sans subir un arrêt dans toute la vie privée et dans les dépenses sociales et civiles.

Le tableau ci-dessous exprime, mieux que tout commentaire, quelle était la situation du revenu national, de la dette publique et des impôts de l'État avant la guerre, et comment cette situation s'est modifiée jusqu'à l'année où nous sommes: sans oublier qu'il s'est produit en même temps une altération analogue dans la situation des corps moraux et que la dette publique est loin de représenter la situation réelle:

1° parce qu'elle indique les dépenses effectuées, mais non pas toutes celles qui sont stipulées;

2° parce qu'elle ne comprend pas la masse considérable de débit que représente le papier-monnaie en circulation.

(en millions de francs)

ÉTATS	Richesse privée avant la guerre	Revenu privé avant la guerre	Impôts de l'État en 1913	Dette publique en 1913	Impôts de l'État en 1917-18	Dette publique de guerre le 31 mai 1918
Royaume-Uni	450.000	60.000	4.800	17.000	21.200	105.975 (1)
Allemagne. .	400.000	50.000	4.250	13.000	7.500	103.000
France . . .	290.000	30.000	3.837	39.000	8.371	102.000
Italie	90.000	15.000	1.850	16.000	4.150	45.000

Il est aisé de comprendre que, si, comme il est probable, le conflit se prolonge encore d'une année, les dettes publiques seront augmentées d'au moins 40 %, à tenir compte de l'accroissement vertigineux des prix, et que les entrées devront être augmentées de non moins de 20 %.

Quelle sera par conséquent la situation des États belligérants au moment de la paix? Ils devront faire face:

---

(1) Déduction faite des prêts aux alliés et aux Colonies.

1° au payement des intérêts des dettes publiques ;

2° à leur graduel amortissement ;

3° à la réorganisation des finances obérées des corps moraux ;

4° à la reconstitution des territoires envahis ;

5° au payement des pensions de guerre ;

6° aux dépenses inévitables pour la paix sociale ;

7° à la reconstitution de la marine marchande, des chemins de fer et des routes privées, à la construction de prises d'eau, etc. ; en un mot, à toutes les dépenses de capital indispensables pour donner lieu à un rythme plus accéléré dans la production des richesses.

Or tout cet amas énorme de passivités des États viendra enchevêtrer le problème privé, si difficile, de la démobilisation industrielle et l'intense demande de capitaux que feront les privés pour la reconstitution des outillages détériorés, pour le plus grand besoin de fonds circulants, etc.

En regard de cette multitude de nécessités si énormément accrues, nous trouverons une épargne largement diminuée en quantité, une main-d'œuvre décimée à l'âge le plus productif, et l'inévitable tendance à une crise de consommations et de prix, qui éclatera dès que la pléthore artificielle des prix et des revenus se calmera, au fur et à mesure du retrait du papier-monnaie.

Il est bon de peser à leur juste valeur les difficultés qui surgiront dans la résolution d'un problème de cette nature. Prenons, par exemple, l'Italie. Avant le conflit, elle avait une richesse privée capitale de 90 milliards de francs, nombre rond, qui lui rapportait en gros 15 milliards environ par an. De cette somme, un milliard et demi à peu près était mis de côté et servait à augmenter le patrimoine; dix-neuf cents millions étaient absorbés par l'État et onze cents par les corps moraux; les dix milliards et demi restants servaient à l'entretien de la population. Après la guerre, nous nous retrouverons avec un patrimoine appauvri de toute l'énorme quantité de bois, de fer et de matières premières qui a été détruite, et avec la nécessité de donner à l'État environ 7 milliards de francs par an, c'est-à-dire de prélever du revenu, pour la satisfaction des besoins publics, une somme supérieure de plus de 350 % à celle d'avant la guerre. Si, pendant la guerre, les revenus de tous les particuliers s'étaient modifiés dans la même proportion et si les prix de tous les objets avaient subi le même changement, le problème serait toujours bien grave, mais moins impressionnant. Le mal est que, pendant la guerre, il s'est produit une si profonde redistribution des richesses, les prix ont changé d'une façon si disparate, que nous ne sommes pas à même, pour le moment, de juger comment le poids des contributions se répercute sur le budget des particuliers. En tout cas, la répartition de ces dernières entre les classes sociales donnera lieu à une âpre compétition entre les différents groupes de citoyens, rendant encore plus difficile au législateur la réorganisation de l'après-guerre.

Dans ces conditions, la crise ne pourra être vaincue que si les budgets militaires — c'est aussi l'avis de Luigi Luzzatti — sont réduits de beaucoup en comparaison de ce qu'ils étaient avant le conflit.

Or cette réduction — nous l'avons vu — ne pourra se vérifier d'une manière sûre et certaine qu'à travers une Europe fédérale, qui unifie le gouvernement et les aspirations des États de notre Continent.

C'est alors que les forces militaires du nouvel organisme pourront être réduites aux quelques dizaines de milliers d'hommes indispensables au maintien de l'ordre public, et que la flotte sera diminuée dans la même proportion. Des quinze milliards que la paix armée coûtait régulièrement à l'Europe avant la guerre, dix au moins pourront être dévolus à une organisation rationnelle des projets de dépenses publiques.

36. Avantages de l'unification des forces militaires. — Ici encore il ne faut pas arrêter notre attention exclusivement sur les avantages matériels de la grande réforme, quelque considérables qu'ils soient: il faut aussi prendre en considération ceux qui ont une haute valeur morale.

Quant aux premiers, la réduction des dépenses militaires, quelque sensible qu'elle soit, ne représente qu'un seul des avantages matériels. Un autre, plus considérable encore, est offert par la diminution du nombre des hommes soustraits dans l'âge productif aux arts féconds de la paix pendant la période de la conscription.

Jusqu'en 1914, l'Europe continentale appelait sous les drapeaux non moins de quinze cent mille à deux millions d'hommes de vingt ans, qui restaient pendant deux ans au moins soustraits à la productiou des richesses et arrêtés dans leurs études. Une Europe fédérale qui, à l'instar des États-Unis, n'aurait pas besoin d'une armée permanente de plus de 300.000 hommes en temps de paix, réaliserait par cela même une notable épargne d'énergies productives. Et des exercices de gymnastique mieux développés pendant la première jeunesse, de meilleurs soins consacrés à la vie physique des garçons, le tir à la cible rendu obligatoire, pourraient nous donner quand même, en toute occurrence, une jeunesse superbement préparée aux fatigues de la discipline et de la vie militaire.

Cependant les avantages moraux seraient bien plus grands que les matériels. Une petite armée fédérale couperait à la racine la maudite plante du militarisme, avec ses traditions et son orgueil. Constituée sur la même base que le grand État fédéral dont elle dépendrait, elle ne pourrait jamais, en aucun cas, se transformer en instrument — conscient ou inconscient — d'intérêts de castes. Tandis que, même sans que cela se fasse de propos délibéré, l'armée nationale, bourrée d'antagonisme contre les armées des autres nations, a en tout temps dans son esprit la figure physique et morale des ennemis avec lesquels elle devra se mesurer demain, l'armée fédérale, exempte d'ennemis directs et désignés, recevrait une éducation morale bien plus élevée, et saurait qu'elle est recrutée non pas pour l'agression et la conquête, mais uniquement pour défendre certains biens spirituels suprêmes, sans lesquels il ne vaut pas la peine de vivre. Entre l'armée nationale et l'armée fédérale il y aurait tout l'abîme moral qui sépare aujourd'hui, en pleine mêlée, l'armée allemande, au service des *Junkers*, de l'armée américaine, s'inspirant à l'idée divine d'une liberté supérieure.

37. Épargnes publiques. — Quoique, à première vue, cette économie dans la dépense publique puisse paraître la plus considérable, il en est encore d'autres que réalisera l'union de l'Europe en un seul État.

Aujourd'hui une grande partie de la bureaucratie n'existe qu'en vue des complications auxquelles donnent lieu les rapports internationaux ordinaires, économiques, politiques, juridiques et administratifs. Le citoyen d'un État, qui se rend dans un autre; un effet de commerce, qu'on veut négocier dans un autre pays; un acte, sujet à des enregistrements et à des timbres différents selon la nation où il doit être exhibé; un brevet, dont on veut sauvegarder ou étendre l'action à l'étranger; les poids et mesures; les différentes zones de chemins de fer; l'efficacité d'une sentence de droit privé; tout, dans la complexité de la vie privée, passe aujourd'hui par un tas de formalités embarrassantes, en passant les frontières; tout donne lieu à de nouveaux actes et de nouveaux frais, ainsi qu'à l'entretien de tout un personnel administratif, consulaire et diplomatique.

Quelle économie, quelle simplification de procédés, quelle rapidité de mouvements n'entraînerait pas la fusion des États en un seul, quand même elle respecterait l'autonomie administrative et financière de chacun des Confédérés!

38. La fédération et la politique coloniale. —

Les avantages d'une union fédérale imposée à l'Europe ne seraient pas moins importants au point de vue des rapports avec les colonies et de la répartition des zones d'influence. Dans ce domaine, comme dans les autres, le maximum des bénéfices se résume en ces mots : *Remplacer la compétition par la solidarité.*

Si nous lisons les principaux écrits des épigones de l'impérialisme allemand, en commençant par le livre fameux de VON BERNHARDI, nous y voyons l'illustration du fait que, en préparant le conflit actuel, l'Allemagne était inspirée par le désir de conquérir des colonies, tout aussi bien que par celui d'obtenir l'hégémonie de l'Europe. Elle aspirait à planter son drapeau sur quelques points vitaux des océans, soit dans l'intention de se procurer des centres stratégiques pour une lutte future décisive avec l'Angleterre, soit pour accaparer des marchés de consommation, auxquels imposer ses marchandises, en échange de matières premières et de denrées alimentaires.

Ici encore, la différence entre les deux conceptions

politico-sociales, qui impriment leur caractère moral et idéal à la lutte actuelle, ne pourrait être plus manifeste.

L'Allemagne représente l'ancien principe, modernisé et revu mais non corrigé, en vertu duquel la colonie est « la vache à lait » que la Puissance européenne peut traire à son gré jusqu'à l'épuisement. C'est le principe qui a inspiré tous les crimes du régime colonial, toutes les barbaries commises contre les indigènes, les erreurs économiques de toutes sortes qu'ADAM SMITH dénonçait déjà, en les broyant, dans sa *Richesse des Nations*. Erreurs que le temps a modifiées, mais non anéanties, et dont sont encore imbues la plupart des nations européennes, y compris l'Italie et la France (voir, par exemple, le bel et récent ouvrage de GIRAULT: *The Colonial Tariff Policy of France*), et dont l'Angleterre seule a appris à ses dépens à se garder.

C'est précisément contre ce principe égoïste de l'exploitation économique, principe aussi nuisible à la mère-patrie qu'à la colonie, que se dresse le principe anglais, qui considère la colonie comme une force qu'il faut éduquer, afin de la civiliser et de l'élever le plus rapidement possible; afin de lui laisser une liberté de plus en plus complète, dont elle puisse jouir en qualité de partie intégrante de l'empire.

Il se produit en raccourci, dans ce domaine, à peu près ce qui est arrivé et arrive dans celui des rapports du capital avec la main-d'œuvre: le capital a compris que l'élévation intellectuelle, morale et matérielle de l'ouvrier constitue une grande force et un grand coefficient de développement à son propre avantage.

A la réalisation de cet idéal, que tous les savants reconnaissent incontestable, se sont jusqu'à ce jour opposées précisément la compétition, la jalousie, la concurrence entre les nations européennes. Chacune d'entre elles, craignant d'être dépassée par les autres, s'est efforcée de leur fermer les débouchés de ses propres colonies, créant ainsi, même sans le vouloir, un régime de préférence en faveur de ses produits et d'infériorité morale à leur détriment.

En même temps, les Puissances européennes apportaient les mêmes sentiments de rivalité ardente dans leur course éperdue aux « zones d'influence », avec ces deux inconvénients fondamentaux pour résultat: 1° de créer une infinité de nouveaux sujets de querelles; 2° de subordonner les nécessités économiques, routières, productives et commerciales d'une région déterminée aux différents critériums politiques des différents États entre lesquels la zone d'influence de ladite région avait été répartie pour des raisons politiques.

A de telles absurdités, qui outragent à la fois la raison, le droit, la morale, la liberté et les intérêts économiques de la race humaine, le principe de la Fédération européenne peut seul apporter le remède convenable et définitif.

39. Les horreurs d'une guerre future. — La nécessité de mettre fin à la possibilité des guerres — du moins en de vastes limites — n'est pas inspirée seulement par l'impératif catégorique d'éviter aux peuples un poids financier qui en accablerait la force productive et qui les pousserait à. la misère et aux désordres sociaux, mais aussi par des considérations humaines qui devraient bien avoir leur poids en plein vingtième siècle.

Nous ne sommes pas encore parvenus à nous former la moindre idée de ce que seront les effets de la guerre dans le domaine démographique et moral, de ce qu'ils seront sur les générations à venir au point de vue de la santé, de la force nerveuse, de l'intelligence, de l'énergie et des tendances psychologiques.

Néanmoins il est bon que les consciences des peuples acquièrent la conviction que cette guerre est loin d'avoir atteint au maximum des horreurs, des destructions, de la dépense de force nerveuse de la part des combattants et surtout de la part des populations.

A cet égard il est impossible de s'exprimer d'une manière plus efficace que ne l'a fait WELLS, dans un récent et magnifique article de la « Rassegna Italo-Britannica » : « Cette guerre n'a vu que le commencement à peine de ce que seront les horreurs et les destructions de demain, et, en leur comparaison, elle peut passer pour une guerre de rien du tout. Les bombardements de Londres, intermittents et courts, ne sont rien à côté de ce que pourra faire la véritable guerre aérienne. Sous peu, les alliés devraient être à même de livrer, nuit et jour, des attaques sur les cités rhénanes. Des attaques ne durant pas une heure, comme celles de Londres, mais une semaine entière. Alors, seulement alors, nous pourrons nous faire une idée des possibilités réelles de la guerre aérienne. Ces possibilités, c'est dans nos mains qu'elles sont, et non pas dans celles des Allemands. Ce n'est pas tout. La campagne actuelle des sous-marins n'est qu'une ombre ténue de ce qu'elle pourra être demain. Si vous observez l'atlas, vous verrez que les sous-marins allemands et autrichiens ne peuvent sortir qu'à travers d'étroites étendues de mer. Un champ de mines ayant une longueur de moins de 300 kilomètres et une profondeur d'environ 70 mètres suffirait, par exemple, pour barrer toute issue aux sous-marins allemands dans la Mer du Nord. Les sous-marins U sont d'ores et déjà réduits à passer par cette mer étroite. Si notre amirauté voulait dire publiquement combien d'entre eux y ont été pris ou coulés, je pense que bien peu de marins allemands voudraient encore s'y risquer. Mais songez, d'autre part, à ce que serait pour la Grande-Bretagne une campagne sous-marine, si, au lieu de la faire dans un pareil col de bouteille, elle pouvait se servir des côtes de la Norvège, pour y nicher ces petits esquifs à l'affût dans une centaine de fiords! Songez aussi à ce que peut devenir cette arme, dans vingt ans, entre les mains d'un pays ayant la configuration des

États-Unis. Après la guerre, l'Angleterre cessera d'être une île, grâce à la construction du tunnel sous la Manche ; mais des contrées telles que l'Australie, la Nouvelle-Zélande et le Japon, se trouveront isolées dès qu'elles seront en guerre avec une forte puissance navale ayant libre accès à la mer. Et il ne me semble guère possible qu'aucune des grandes puissances océaniennes soit tranquille, tant que la crainte d'un blocus, aussi redoutable que ceux que le sous-marin a rendu possibles, ne sera pas exclue par l'action d'une Ligue commune.

« N'oublions pas que la guerre actuelle est une guerre machinale, conduite par des hommes que la discipline a rendus incapables d'inventer, qui ne connaissent guère certains mécanismes compliqués, et qui, pour la plupart, s'efforcent aveuglément de la ramener aux conditions napoléoniennes, avec l'infanterie, la cavalerie et l'artillerie de campagne, en un mot à la « guerre de manœuvre ». Mais, après la guerre actuelle, si le monde ne s'organise pas rapidement pour la paix, à peine que les ressources se seront un peu entassées, le génie mécanique se mettra à élaborer les inventions que cette guerre n'a fait qu'ébaucher. Attendons-nous à des tanks colossaux broyant des villes entières. Attendons-nous à des raids aériens qui les incendieront et détruiront de fond en comble, affolant des milliers de personnes. Attendons-nous à une cessation complète de tout trafic maritime. Même le trafic terrestre pourra être arrêté par les attaques aériennes. Je doute fort qu'un organisme social, quel qu'il soit, puisse résister aux effets d'une guerre modernisée en tout. Les effets présents de la guerre, nous ne les voyons pas encore d'une manière appréciable. La plupart des combattants marchent sans les sentir, comme les blessés. Nous n'avons pas encore une idée approximative des pénalités que chaque pays de l'Europe doit déjà avoir payées dans le domaine éducatif, biologique, social et économique. La Russie, la moins préparée et la plus massive des nations combattantes, en sait déjà quelque chose et gît par terre épuisée ; et, dans trois ans, toute l'Europe pourra se vanter de connaître le prix de cette guerre-ci. Mais qui peut calculer celui de la guerre prochaine ?

« Les États existants sont devenus impossibles comme souverainetés indépendantes. Les nouvelles conditions les rapprochent tellement les uns des autres et leur donnent de si redoutables possibilités de s'entre-nuire, qu'ils doivent par force subordonner leur orgueil national au bien commun de l'humanité ou se détruire les uns les autres. Il faut choisir entre la Ligue des Nations Libres et une race d'hommes affamés, en quête, comme autant de pillards parmi les décombres fumants de la civilisation, d'un morceau de pain désormais introuvable. J'en conclus que le bon sens de l'humanité préférera à cette perspective une révision de ses idées de nationalité et d'impérialisme ».

40. Le marché européen et l'avantage des producteurs. — Nous désirons aussi nous arrêter un instant sur un autre des grands avantages que la création d'une Europe fédérale peut seule apporter : la constitution de tout le Continent européen en un seul marché de production.

Une Ligue des nations, qui laisserait subsister le droit de la part de chaque État de dresser des barrières douanières et d'autres obstacles au commerce libre, impliquerait la conservation de ces grandes forces économiques particularistes et égocentriques, qui, ainsi que tout le monde le reconnaît, ont une considérable part de responsabilité dans le déchaînement du conflit actuel.

L'influence que le protectionnisme a exercée, soit directement soit indirectement, sur la préparation de la guerre, spécialement en Allemagne, est clairement décrite en ces termes, dans un récent opuscule du « Cobden Club », dû à la plume de ROBERTSON, un des plus illustres économistes anglais : « Il faut remarquer le fait important, mais assez négligé, que la récente demande d'un retour à la politique douanière d'autrefois ne signifie pas autre chose qu'adopter dans les rapports internationaux les « méthodes allemandes », pendant une guerre à laquelle le monde a été entraîné par l'esprit de domination allemand. Il est vrai qu'en temps de guerre *fas est ab hoste doceri*. Mais quand on peut démontrer que la guerre est la conséquence du tempérament du peuple ennemi, tel qu'il s'est formé grâces à ses méthodes en temps de paix, cette maxime enseigne, pour les hommes de sens, à ne pas suivre le mauvais exemple allemand. La guerre a été provoquée par le culte et par le système d'égoïsme national. L'expansion même du commerce allemand pendant ces quarante dernières années a certainement contribué à former cette mentalité, grâces à laquelle des myriades d'Allemands considéraient la guerre mondiale comme un moyen d'élargir leur expansion et leur suprématie commerciale. Le système de protection douanière auquel l'Allemagne a recouru pour fournir à l'Empire les ressources nécessaires à ses fins militaires, a toujours été une entrave pour le commerce allemand, chaque fois qu'après avoir satisfait aux besoins du marché intérieur il a cherché à l'étranger de nouveaux débouchés moins sûrs. Sauvegardé en partie, par les bas salaires et les longues heures de travail, du poids différentiel de la hausse des prix due à la protection douanière, le commerce allemand s'appuyait toujours fébrilement à une finance de spéculation, pour être aidé dans sa concurrence à l'Angleterre non protégée. Des profits plus modestes, un crédit prolongé, des essais de *dumping*, voilà ses systèmes ordinaires; et dès avant la guerre la pensée de ses bases financières avait engendré des appréhensions mal déguisées dans tout le monde allemand. Le fait que les banques allemandes fournissaient des fonds au commerce allemand dans des proportions qui n'avaient jamais été atteintes en Angleterre, engagea à y invoquer des méthodes semblables, sans examiner suffisamment si ce n'était pas précisément de cette finance spéculative que provenait un état de choses qui poussait les gens d'affaires à voir dans la guerre un remède à un état pathologique du commerce, qu'ils n'auraient su modifier par ailleurs.

« La nécessité de *marchés plus sûrs* augmentant de jour en jour, la persistance tenace de la concurrence anglaise, l'évidente impossibilité de nous battre dans les tissus, ou de nous supplanter dans la production des machines, finirent par inspirer aux industriels allemands — asservis à leurs mégalomanes militaristes — le méchant projet de détruire par la force la suprématie britannique. Il fallait commencer par écraser les principaux adversaires continentaux ; la Hollande et la Belgique devaient être subordonnées aux intérêts commerciaux allemands ; puis la marine militaire anglaise devait dans une lutte mortelle être condamnée à la destruction ; enfin l'Allemagne aurait pu chercher à inonder l'Orient et les colonies et à s'assurer des marchés exempts de toute concurrence sérieuse.

« L'entrée de l'Angleterre dans la lutte a vite et heureusement déjoué ce projet de mort ; mais il est assez clair désormais que, par son système douanier copié sur celui du dix-huitième siècle, l'Allemagne moderne a remis au jour le tempérament national qui fit alors de la « guerre commerciale » une vraie caractéristique de l'histoire.

« Le tempérament de nos protectionnistes réussirait

à donner la même empreinte à l'Angleterre future. Une politique de boycottage commercial, qui serait d'abord inaugurée contre l'Allemagne et bientôt après étendue aux neutres, créerait exactement la même situation que celle où l'Allemagne a fini par se trouver, c'est-à-dire l'exclusion de beaucoup de marchés et l'existence d'entraves dans d'autres, avec l'inévitable résultat de faire naître une querelle pour s'assurer les marchés par la force. Telle serait notre destinée, à l'instar de l'Allemagne. Commencer aujourd'hui, pendant cette crise terrible, une révolution aussi fatale que celle-là, ce serait, ma foi, vouloir mettre fin à la civilisation européenne ».

En Europe nous étions parvenus à ce comble de l'absurdité, que chaque fabrique qui surgissait dans un État était comme une épine au cœur de tous les autres : que, pendant que les superbes inventions techniques de la vapeur appliquée aux transports terrestres et maritimes, de l'électricité comme force motrice, du télégraphe et du téléphone annulaient les distances et faisaient du monde un seul grand centre et marché international, les petits hommes s'escrimaient à annuler les immenses bienfaits des grandes découvertes, en créant artificieusement des marchés isolés et de petits centres de production et de consommation.

Ils n'avaient pas l'air de s'apercevoir que le système protectionniste avait fini par se suicider et par faire du travail une torture au lieu d'une joie. Chaque État visant aux mêmes buts, voulant produire de tout, et produire sur vaste échelle, jamais on ne vit une concurrence — cette concurrence que l'on avait eu le dessein de proscrire — plus aiguë, plus spasmodique, plus raffinée, plus violente que pendant ces vingt dernières années. On travaillait en grand, toujours plus en grand, par équipes et à feux continus, avec une marge de profit de plus en plus mince, sous l'incessant cauchemar de ce que faisait, de ce que pensait, de ce qu'inventait l'étranger.

L'Europe fédérale pourra seule nous donner la réalisation la plus économique de la division du travail, par la chute de toutes les barrières douanières. Il suffit de penser à l'énormité de l'outillage artificieux qui pèse sur presque toute l'Europe continentale; aux « doublets » industriels que la production a créés; à la quotidienne destruction de richesses qui en dérive; aux entraves mises à la rapidité des échanges et de la circulation des biens; à la confuse législation économique que tout cela entraîne, pour comprendre comment il suffirait d'extirper ce cancer de l'Europe pour nous dédommager en peu de temps des efforts auxquels nous a astreints la guerre. Quelle personne raisonnable peut, sans trembler, envisager la possibilité qu'après un conflit aussi gigantesque que l'actuel on ose se remettre à une politique économique de préférences, d'exclusivismes, de localisation, et en faire retomber le poids sur les consommateurs épuisés?

Une économie européenne qui, remplaçant avec

prudence et par degrés les économies particularistes des États actuels, réalise dans sa plénitude la division du travail, nous donnera, au plus grand profit des producteurs, cette baisse de prix qui permettra aux consommateurs de supporter les poids financiers de la guerre sans épuiser leurs forces physiques et créatives.

Le problème des répartitions des matières premières, celui des transports, celui des produits alimentaires, qui tourmentent les comités européens pour l'étude de l'après-guerre, se trouveront résolus automatiquement.

Et la transformation gigantesque du marché national en marché continental fera en sorte que les industriels, aussitôt après le premier période de réorganisation, trouveront devant eux de telles capacités d'absorption, que les industries en recevront le même élan gigantesque dont fit preuve l'industrie américaine après la guerre de sécession.

41. L'avantage pour les pays et pour les classes pauvres. — Il n'est pas hors de propos de mettre en relief que la constitution de l'Europe en une Confédération apporterait les plus grands bénéfices aux États les plus arriérés en fait de civilisation et de richesse.

Dans son célèbre ouvrage sur la formation de la Mittel-Europa, NAUMANN consacre avec raison bien des pages à la démonstration des avantages qui découleraient à l'économie autrichienne et à l'agriculture hongroise de la fusion avec l'Allemagne, laquelle pourrait importer chez sa voisine la méthode scientifique, la façon rigoureuse de travailler de ses industriels, de ses chimistes et de ses agronomes.

Ce raisonnement peut s'appliquer, en le multipliant, à l'État européen. Chaque nationalité verserait à la société l'apport des meilleures spécialités de sa race, en sorte que l'administration européenne serait la résultante de toutes les qualités les plus géniales de chacune des nationalités qui y participeraient.

Et naturellement, comme il est de l'intérêt de chaque État que la partie la plus pauvre, la plus arriérée de ses régions s'exhausse le plus vite possible au niveau des régions les plus riches, sans quoi tout l'ensemble social s'en ressentirait, ainsi arriverait-il que les contrées européennes les plus riches soulèveraient jusqu'à elles les zones les moins fortunées: en y construisant des routes et des chemins de fer, en intensifiant l'instruction, en améliorant l'économie, en multipliant les banques, en élevant avec une prudente progression les rapports sociaux.

Et cela représenterait un bénéfice incalculable pour les classes ouvrières : car, comment serait-il possible, dans un État européen unique, que, par exemple, les Français, les Allemands, les Anglais jouissent des pensions d'invalidité et de vieillesse, sans que les ouvriers italiens y eussent part?

Et cet ensemble de réformes régénérerait tout l'esprit de l'ancien Continent. Plus de préjugés patriotards, plus de jalousie ni de compétition, plus de nécessité de maintenir des industries et — comme en Allemagne — des classes sociales, ne servant qu'à alimenter l'éducation de la force et de la conquête! Place aux classes les plus modestes pour leur ascension morale et pour leur participation à la vie politique!

Enfin, comme la Fédération européenne devrait en tout choisir les modèles les plus avancés, et non pas les plus arriérés, cela signifierait l'application, aux pays où l'instruction des masses est le plus en retard, des systèmes les plus perfectionnés, et par suite un rehaussement rapide et intensif de l'instruction et de l'éducation. BUCKLE a exposé dans des pages éloquentes les conséquences, fécondes pour l'Angleterre, d'une meilleure connaissance du caractère des Français, due au perfectionnement des moyens de communication et à la liberté de mouvement qui s'ensuivit. Cette démonstration serait centuplée, si tous les États actuels étaient fondus en une Fédération qui unifiât leurs buts, dirigeât leurs efforts vers de communs idéals, amalgamât leurs intérêts. La vieille Europe, aigrie, épuisée, rendue impuissante par un bain de sang, en serait toute rajeunie et, donnant une preuve lumineuse de son éternelle jeunesse, brandirait à nouveau d'une main raffermie le sceptre de sa supériorité morale et culturale.

42. La forme de la Fédération. — Qu'il nous soit permis de dire quelques mots sur la méthode et la voie que pourrait suivre dans sa formation la Fédération européenne. A ce propos l'exemple anglais est précieux pour nous.

« Avons-nous raison — se demande CURTIS — de parler de l'Empire britannique comme d'un État ? Pour pouvoir répondre à cette question, nous devons nous demander quels sont les attributs d'un État. La vie humaine est principalement consacrée à régler les rapports réciproques entre les hommes, ou entre les communautés d'hommes. Quand les intérêts ou les idéals de deux individus ou de deux communautés se trouvent en contraste sans espoir d'accommodement, ils peuvent être définis par la raison du plus fort, c'est-à-dire par la violence ou la menace de la violence, ou bien, autrement, par l'autorité de la loi. L'État est l'institution désignée pour régler les rapports des membres ou des communautés qui le composent, sans violence, ou tout au plus avec ce qu'il en faut pour rendre coactive la loi. L'Empire anglais fixe par le moyen pacifique de la loi les rapports entre un grand nombre de races et de communautés, et dans ce sens c'est un État. En pratique il garantit qu'aucun des États qui le composent ne peut s'engager dans une guerre contre un autre, soit au dedans soit au dehors de la juridiction. Aucun État étranger ne peut entrer en guerre avec n'importe lequel de ces États, sans se trouver en guerre avec leur totalité. Cet Empire, qui embrasse un quart de la race humaine, est donc effectivement un État au point de vue international.

« L'obéissance que ces différentes communautés —
représentant les phases successives du progrès humain
— prêtent à l'Empire, est conçue de la façon la plus
naturelle aux idées sociales de chacune d'entre elles.
Pour les tribus de l'Amérique, de l'Afrique et des îles
du Pacifique, avec leurs idées patriarcales, il était
naturel de parler de la reine Victoria comme de la
'grande Mère blanche'. Pour la population de l'Inde,
la royauté est conçue comme ' une institution divine,
un office sacré, que l'on ne peut attaquer ni critiquer
sans se souiller d'impiété '. Pourtant le gouvernement
suprême de l'État est basé sur les principes typiques
de l'Europe, en directe antithèse avec ceux des races
qui forment les six septièmes des sujets. »

Cela est possible grâce au « self government » et
au respect que l'Angleterre professe pour les croyances,
la civilisation, les institutions de chacun des pays qui
font partie de l'Empire. Aussi voyons-nous l'Inde gou-
vernée encore dans ses rapports intérieurs par ses
satrapes absolutistes de droit divin, et le Canada et
l'Afrique Méridionale, au contraire, en plein régime
parlementaire. Pour la mentalité allemande ce système
de gouvernement est inconcevable et le « Cultur-
Imperialist » le qualifie enfant de l'ignorance et de la
faiblesse. Mais il suffit d'avoir une idée de la fine
doctrine et du labeur qui ont présidé à son évolution ;
il suffit de lire, par exemple, l'ouvrage de BRYCE :
Impérialisme romain et Impérialisme britannique, ou
bien la toute récente *Cambridge Modern History,*

pour se former une claire conviction de la haute sagesse qui est à la base de cet admirable édifice d'union et de liberté.

43. — Qu'il nous soit encore permis de nous arrêter un instant sur un second point, qui est, à notre avis, de grande importance morale et pratique pour la constitution de la Fédération Européenne.

Curtis remarque avec justesse qu'un État guerrier et absolutiste est dans les meilleures conditions pour conquérir des territoires: mais l'essentiel c'est de savoir les conserver. Si l'Angleterre a pu, à la différence d'autres États européens, non seulement maintenir sous son gouvernement, mais s'affectionner environ 380 millions d'individus des races et religions les plus diverses, répandus dans toutes les parties du monde, elle le doit au fait d'avoir tenu foi, même dans ses rapports avec les colonies, à sa politique, que caractérise « the rule of law » — la suprématie de la loi.

Ainsi que Curtis le fait observer, la « rule of law » présente trois significations fondamentales:

1° Elle signifie avant tout l'empire absolu de la loi régulière contre l'influence du pouvoir arbitraire, et même contre l'exercice du pouvoir discrétionnaire de la part du gouvernement. Les Anglais sont gouvernés par la loi et seulement par elle; et un citoyen anglais peut être puni pour une offense à la loi, et non pas pour autre chose;

2° Elle signifie encore une égale sujétion de

toutes les classes sociales à la loi ordinaire, administrée par la magistrature ordinaire. La « rule of law » dans ce sens exclut l'idée que qui que ce soit, fonctionnaire ou non, puisse être exempté du devoir de l'obéissance à la loi commune, ou soustrait à la juridiction de la magistrature ordinaire. L'idée de la justice administrative, ou d'autres semblables, sont inconcevables pour la mentalité anglaise ;

3° Enfin la « rule of law » peut vouloir dire qu'en Angleterre la constitution et ses principes ne sont pas la source, mais la conséquence des droits individuels, tels qu'ils ont été et qu'ils sont définis et rendus coactifs par les Cours de justice. En d'autres termes, les principes de la loi privée ont été étendus peu à peu, par les Cours et le Parlement anglais, de façon à déterminer la position juridique de la Couronne et des fonctionnaires publics : de sorte que la constitution est le résultat de la loi ordinaire du pays.

Or, c'est précisément l'application de la « rule of law » aux rapports avec les colonies, qui a soustrait ces dernières aux arbitres des compagnies, des vice-rois et des autres fonctionnaires, en maintenant toujours vif, chez ces personnages, le sentiment de leur responsabilité dans les rapports qu'ils avaient avec leurs subordonnés.

Lorsqu'un peuple conquérant se trouve en contact avec des populations plus faibles, il est naturellement exposé aux caresses de la tentation ; souvent la renommée et la reconnaissance nationale ferment les yeux sur les vices et les iniquités des conquérants, et le gouvernement central est assez enclin à les absoudre de toute imputation, en hommage au préjugé qu'il faut toujours tenir haut élevé, coûte que coûte, le prestige du pouvoir aux yeux des peuples assujettis.

Eh bien! cette manière de voir n'a jamais prévalu longtemps en Angleterre. Les erreurs et les fautes des gouverneurs et des bureaux dépendant d'eux, ont toujours été jugés par les magistrats ordinaires d'après la règle commune à tous les citoyens ordinaires; c'est ainsi que les colons ont appris qu'il existait dans la lointaine métropole une Cour qui savait leur donner raison même en dépit des vice-rois et des conquérants. Et la tradition juridique qui s'est formée sur les rapports entre conquérants et conquis est ce qui a préservé l'Empire anglais d'une décadence pareille à celle de la Fédération athénienne; du choix à faire entre l'anarchie et l'absolutisme, comme il arriva à Rome, à une grande époque de l'histoire; c'est ce qui lui permet aujourd'hui de s'acheminer vers sa meilleure forme évolutive.

Certes, l'Angleterre a pu elle aussi, parfois, s'égarer, comme cela eut lieu dans ses rapports avec l'Irlande, dans son attitude à l'égard de l'esclavage, dans ses premiers différends avec les États-Unis d'Amérique, et auparavant avec l'Inde. Mais, malgré ces erreurs, le fait essentiel et caractéristique de la vie anglaise, c'est que le principe de la « rule of law » a toujours été maintenu, qu'il a sans cesse étendu et perfectionné son champ d'action, assez pour faire, à notre sens, de la constitution impériale anglaise le modèle le plus parfait, digne d'être appliqué demain à une Europe fédérale. Les cas bruyants, quoique épisodiques, d'application de la « rule of law » peuvent être parcourus et médités avec le plus grand profit par tout Européen du Continent. Les plus importants sont rapportés par CURTIS; on peut en lire un classique dans l'éloquent *Essai sur lord Clive* de MACAULAY.

44. — Tels devraient être les points d'appui de la constitution fédérale. Le gouvernement central aurait plein pouvoir pour ce qui concerne :

1º la politique extérieure ;

2º les forces de terre et de mer ;

3º les finances fédérales, c'est-à-dire les ressources lui permettant de fonctionner;

4º la politique douanière.

Pour tout le reste, la plus parfaite liberté financière, économique, sociale et législative devrait être laissée, selon leurs aptitudes et leur caractère historique, aux États Confédérés, constitués de façon à respecter autant que possible le principe de la nationalité. Naturellement, il serait toujours en la faculté des représentants des États au Congrès fédéral d'étendre, au fur et à mesure qu'ils le jugeraient convenable et avec l'adhésion préalable des Parlements particuliers, l'action et la sphère de l'État fédéral à d'autres champs utiles à tous, tels que l'unification de certaines branches du droit économique et commercial, de la législation sociale dans ses parties fondamentales, du droit concernant les chemins de fer et les transports maritimes, etc. La fusion de plus en plus intime devrait être l'œuvre lente et spontanée d'une évolution naturelle.

De même, l'autre principe régulateur de la Fédération devrait être celui de la « rule of law », en vertu duquel toutes les autorités fédérales, dans leurs rapports avec les États, seraient sujettes aux sanctions de la loi ordinaire et à une Cour de justice ordinaire. De cette manière l'arbitre, cet adversaire le plus insidieux de toute libre union, serait éliminé, ou promptement réprimé.

Si ces deux principes essentiels — le « self government » et la « rule of law » — ont sauvé l'Empire anglais et lui ont permis de survivre aux rudes secousses séculaires que lui ont données les forces ennemies de l'intérieur et de l'étranger, à plus forte raison devraient-ils exercer une action cohésive sur l'Europe, qui, dans son noyau du nord-ouest, présente des conditions assez homogènes de civilisation, de mœurs, de liberté.

La prémisse nécessaire.

45. Il faut vaincre. — Mais pour que cet idéal sublime puisse être atteint, une condition préliminaire est indispensable : il faut que l'Entente vainque le militarisme prussien.

A ce point de vue, la guerre est bien une conflagration entre deux principes idéaux : celui de liberté et de démocratie, représenté par la « Commonwealth » anglaise, et le principe autocratique, représenté par l'État interventeur dans toutes les sphères d'action privée, régulateur de n'importe quelle forme d'activité, dispensateur de la culture, expansionniste et militariste, dont la Prusse est l'expression la plus scientifique et la plus consciente.

Profitant du double avantage de sa préparation de quarante ans et de l'impréparation de ses adversaires, la Mittel-Europa a, pour le moment, conquis de tels avantages, que toute paix serait pour nous le désastre des désastres. Tandis qu'à l'Occident elle occupe la Belgique, avec Anvers et les embouchures de l'Escaut, dix des départements français les plus riches, avec les bassins miniers de Longwy et de Briey, et deux provinces italiennes ; tandis qu'au sud-ouest elle détient le Monténégro et la Serbie ; en Orient elle s'est assuré une hégémonie telle, qu'on pourrait croire avéré le rêve pangermaniste. Dans les provinces baltiques, l'Allemagne aspire à une fédération d'États placée sous sa présidence et lui accordant la suprématie économique sur cette vaste région. En Finlande, par la double voie de Helsingfors et du golfe de Bothnie, les Allemands visent à couper le chemin de fer de la Murmanie et par suite les communications de la Russie avec la côte arctique, et, par l'union à la Finlande de la Carélie russe et de la zone desservie par le chemin de fer de la Murmanie, à rendre le nouvel État limitrophe de l'Esthonie et de la Livonie, qui sont la *longa manus* de l'Empire allemand vers la mer Baltique. Le sort réservé à la Pologne est connu.

Plus importante encore est la suprématie économique que l'Allemagne a acquise sur l'Ukraine et sur la Roumanie, par les deux traités du 10 février et du 6 mai de l'année courante. Par l'art. 7 du premier traité, l'Allemagne et l'Ukraine se sont échangé jusqu'au 31 juillet les excédents des produits agricoles et industriels. A partir de cette date, est entrée en vigueur une convention commerciale provisoire, qui applique les tarifs d'avant la guerre entre l'Autriche-Hongrie et la Russie, qui contient la clause de la nation la plus favorisée et qui assure le libre transit des marchandises allemandes vers l'Asie et en particulier vers la Perse; transit que la Russie avait au contraire interdit avant la guerre.

Quant au traité avec la Roumanie, il supprime tout court la souveraineté économique de cet État, en l'obligeant pour le moment à mettre son blé à la disposition de la Mittel-Europa, et en remettant pour la durée de 99 ans la principale richesse du pays, le pétrole, dans les mains d'une Société, allemande en raison de trois quarts, laquelle peut même exécuter des fouilles et racheter des terrains privés, en vue d'étendre l'exploitation minière, indépendamment des prescriptions des lois civiles et administratives de l'endroit. En outre, la navigation du Danube jusqu'à la Mer Noire est placée sous le contrôle austro-allemand, ce qui ouvre à la Mittel-Europa une autre voie de commerce, peu coûteuse, vers l'Asie.

Ainsi donc, tout en faisant abstraction des occupations de territoires occidentaux et méridionaux, il est évident qu'au point de vue économique l'Allemagne a, par ses trois paix orientales (russe, ukranienne et roumaine), réalisé les bénéfices suivants :

1º Elle a obtenu le contrôle de la Russie, à travers sa domination sur les débouchés baltiques et arctiques et sur la région polonaise : contrôle dont les effets s'étendent naturellement à une partie de la Sibérie, en tant que celle-ci dépend de la Russie ;

2º Elle s'est frayé la grande voie Hambourg-Mer Noire, qui est la plus économique pour arriver jusqu'aux deux cœurs de l'Asie, la Turquie asiatique et la Perse ;

3º Elle s'est assuré la prépondérance commerciale sur la Russie, l'Ukraine et la Roumanie ;

4º Elle a immédiatement accaparé la production agricole et minière de la Petite Russie et de la Roumanie.

Bref, des bénéfices immédiats et d'autres bien plus considérables, dans 20 ou 25 ans, alors que les effets de la domination allemande pourront faire sentir tout leur poids, de la mer du Nord à la mer Baltique, de Hambourg à la mer Noire, des frontières de la Belgique et de la Suisse à Pétrograd, et, d'espace en espace, jusqu'en Asie, jusqu'en Perse.

La conclusion à tirer de cette situation ne peut être pour l'Entente qu'une seule : *poursuivre la guerre jusqu'à la victoire*. Là encore Wilson a dit juste. Si l'Entente concluait la paix sans abolir ces traités orientaux, il est un fait que n'effacerait aucune concession austro-allemande en Occident : la colossale victoire de l'Allemagne. Dans un quart de siècle, c'en serait fait de nous. Une Allemagne ultra-puissante nous dévorerait en quelques coups de dents, après avoir terrassé l'Angleterre. Il y aurait une marche irrésistible des Allemands, et puis le silence des vaincus. Signer la paix dans ces conditions ce serait, déclarons-le franchement, forger les ceps qu'ensanglanteraient bientôt les nations européennes, nos enfants, la liberté du monde.

C'est là une vérité éclatante et profonde, que nos cerveaux et nos consciences ne doivent cesser de contempler.

46. — Il faut donc remporter la victoire ; sinon la fédération des États se fera, mais sous le talon allemand, ce que nul d'entre nous ne peut admettre.

Mais la victoire ne serait pas profitable si l'Entente, y noyant sa raison, ne faisait qu'imiter en myope l'Allemagne, et se contentait de se partager la proie. En ce cas il se produirait une oscillation du pivot de l'Europe : la suprématie se déplacerait du centre vers le nord-ouest ; l'orgueil nationaliste éclaterait ailleurs, mais l'esprit de revanche hanterait l'Allemagne : bref, rien de fait pour l'humanité, pour la démocratie, pour la liberté.

La victoire est nécessaire pour anéantir le prussianisme, pour reconstituer les États d'après leur nationalité, pour créer les conditions de tranquillité où devra s'asseoir l'Europe nouvelle, l'Europe unie. Mais n'oublions pas que l'érection d'un tel édifice est le but même de la victoire. A quoi bon lutter, à quoi bon répandre des torrents de sang, à quoi bon semer la destruction et la douleur en vue de la liberté, si, après la victoire, nous devions laisser l'édifice inachevé et céder le pas aux forces de la réaction ? Le « prussianisme » n'est pas seulement en Prusse : il est auprès de chacun de nous : c'est là le vrai, le grand ennemi dont il faut nous débarrasser à tout jamais. Si, après avoir vaincu l'Allemagne, nous nous en tenons là et croyons avoir mis à mort le prussianisme de l'Europe, nous serons comme des enfants qu'on aura amusés pour les abuser, nous aurons dépouillé saint Pierre pour habiller saint Paul : nous nous serons arrêtés à mi-chemin par lâcheté.

47. — Non, en dépit de tout scepticisme, l'idée de l'Europe fédérale ne tombera pas. Nous avons vu des socialistes sourire de cette idée, qu'ils traitaient d'« utopie ». Bien entendu, ceux qui lâchaient ainsi leur jugement sommaire s'étaient bien gardés de consacrer une heure de leurs précieux loisirs à étudier la question. Moins encore se rappelaient-ils que le socialisme a fondé sa raison d'être sur une idée qui parut au prime abord infiniment plus utopique, plus irréelle, plus vaste : la centralisation des moyens de production dans les mains de l'État et la disparition de la propriété privée du capital. C'est pourtant au nom de cette « utopie » que des millions de travailleurs se battent depuis deux tiers de siècle !

Par contre, le principe de la « Commonwealth » est très ancien et compte à son actif des exemples lumineux. L'Italie provient de vingt-deux États; l'Allemagne de 360 minuscules souverainetés; les États-Unis d'Amérique réunissent en un faisceau de liberté 48 États, aux races les plus diverses, occupant une surface égale à 10/11 de l'Europe entière ; l'Angleterre assemble, sur une surface de 12.747.324 milles carrés, non moins de 433 millions d'âmes, dont la participation active aux affaires de l'Empire devient de plus en plus énergique et de plus en plus vaste.

48. — Il a été remarqué récemment, entre autres par Lloyd George, que l'embryon d'une Ligue de nations existe et fonctionne d'ores et déjà sous les traits de l'Entente.

Examinons un peu, en effet, l'évolution que, dans l'espace de quatre ans, la main de fer de la nécessité lui a fait subir. D'abord l'Angleterre, la France, la Russie et l'Italie agissent dans un but commun, sans doute, mais chacune à sa façon : chaque Puissance a ses fins, ses moyens, ses méthodes.

Puis, on commence à réviser les buts, par la nécessité de les harmoniser et de constituer ainsi un « front unique » diplomatique au futur échiquier de la paix.

Ensuite, des nécessités urgentes font établir un autre « front unique » : l'économico-financier. L'Angleterre devient pour beaucoup d'articles l'unique acheteuse ; c'est elle qui répartit ces achats entre les alliés selon un plan préalable ; elle qui les fait transporter par des navires équitablement distribués ; elle qui exécute les payements selon une méthode convenue, pour éviter la débâcle des changes.

Enfin le « front unique » s'amplifie encore et, sous forme de front stratégique, de plus en plus unifié, finit par s'appliquer à ce qu'il y a de plus délicat, de plus jaloux : à la souveraineté même des États de l'Entente.

Ce n'est pas tout. Nous sommes tous persuadés que, lorsque la paix éclatera — ce qui pourra amener des perturbations non moins profondes que celles qu'a produites la guerre — il serait absurde, périlleux, désastreux même, que chaque pays, reprenant et revendiquant son indépendance, se ruât sur ce qui restera des provisions mondiales pour l'arracher aux autres.

De là les études entre alliés pour maintenir après la guerre le front unique économique, en vue de sauvegarder les matières premières et les comestibles, de les répartir avec ordre et proportion d'après un plan fixé d'avance, de partager rationnellement le tonnage, de faciliter les rapports douaniers par des mesures communes.

Y a-t-il quelqu'un qui puisse considérer cet ensemble d'accords comme dangereux et nuisible, plutôt que très profitable? Quelqu'un s'est-il aperçu qu'à travers tous ces « fronts uniques » la souveraineté des États a été affectée d'une façon périlleuse, et que les nations sont en train de perdre leur caractère et leur indépendance?

Et, si la réponse à ces deux questions n'est, et ne peut être, que tout à fait négative, comment peut-on ensevelir l'idée de la fédération européenne sous une simple fin de non-recevoir? Comment peut-on, sans autre forme de procès, affirmer qu'elle n'est pas pratique, après que la preuve vivante de ces dernières années a démontré que l'application en est nécessaire, possible, aisée?

Chaque idée a son temps. Tandis que le principe de nationalité, pris pour base de la constitution de l'État, semble avoir épuisé sa fonction politique, l'idée d'un lien moral et juridique de plus en plus étroit entre les États de l'Europe apparaît sous la forme d'un impératif catégorique aux esprits les moins rêveurs du monde : à ceux des diplomates. Et sur ce point Bethmann-Hollweg tend la main à Wilson, Czernin à Sir Edward Grey, Asquith à Lloyd George. C'est que les causes historiques, sociales, économiques et politiques dont la guerre hâte la maturation, ont l'air de conspirer en faveur du grandiose idéal.

Puisse-t-il trouver bon accueil auprès des masses!

Que celles-ci songent bien que, si jamais une internationale du travail se réalise, sa prémisse indispensable aura été une Europe fédérale, qui lui aura frayé la route, en abattant les préalables et formidables obstacles politiques et sociaux que le particularisme des États oppose à n'importe quelle idée de nature universelle.

Si l'heure de l'Europe fédérale est sonnée, la fédération sera. Mais la part d'esprit de sympathie, de générosité éclairée, de confiance qu'y auront apportée les masses, sera pour celles-ci d'une haute portée.

POSTFACE

———

Entre l'édition italienne de cet ouvrage — écrit en juillet 1918 et paru au mois d'août — et sa traduction en français, il ne s'est écoulé que quelques mois ; mais ces mois ont pesé comme des lustres sur les destinées du monde.

La victoire de l'Entente, que nous invoquions de la résistance des peuples comme indispensable pour sauver l'humanité de la plus insupportable des tyrannies, est devenue une lumineuse réalité, grâce à une rapide succession d'événements militaires, que l'Histoire a gravés en caractères ineffaçables dans ses pages de bronze.

La marche des armées de Foch, commencée en juillet et poursuivie jusqu'en novembre sans relâche ; les victoires foudroyantes et décisives des Anglais en Palestine et de l'armée d'Orient en Macédoine, qui, en moins d'un mois, mettent hors de combat la Bulgarie et la Turquie ; la formidable bataille de Vittorio Veneto, qui réduit à néant — selon l'expression du général Diaz —

ce qui avait été une des plus puissantes armées du monde : toute cette série de faits prodigieux, qu'avaient prédisposés la tenace résistance des peuples et la sage préparation des chefs, fait entrer aujourd'hui le problème de la Fédération des États Libres dans la phase définitive de sa réalisation.

Phase plus délicate et plus ardue que jamais.

La victoire, plus complète et plus absolue que bien des gens n'avaient osé l'espérer, a donné lieu à un regain de nationalisme impérialiste, qui envahit toute l'Europe civile et qu'alimente et fortifie l'esprit véhément de nations neuves qui ne font que de naître.

En relisant les dernières pages de notre livre, nous découvrons que nous avons été bons prophètes lorsque, constatant que « l'esprit prussien », loin de n'exister qu'en Allemagne, réside en chacun d'entre nous, nous disions que la Victoire ne serait pas complète, et même qu'elle se transformerait en un leurre et une irrision, si, après avoir terrassé nos ennemis, nous n'apprenions pas à nous vaincre nous-mêmes et à nous débarrasser de tout ce qu'il y a encore de prussien, par hérédité atavique, dans nos esprits et dans nos consciences.

Jamais l'Europe ne s'est trouvée en présence d'un jalon de son histoire aussi décisif que l'actuel. Elle peut créer une humanité nouvelle, aussi bien que perpétuer et aggraver tous les défauts, toutes les calamités, toutes les iniquités de la situation d'avant la guerre et de la « balance des Puissances ».

Si la Conférence de Paris n'aboutit pas à la constitution de cette force supérieure, qui seule aurait l'autorité et les moyens de nous apprendre à tous la modération, nous sommes condamnés à reprendre la course aux armements ; mais une course auprès de laquelle celle d'avant la guerre aura l'air d'un badinage.

Les violences légales qui se commettront en Europe, l'orgueil des vainqueurs, la rancune des vaincus, attisée par les duretés dont on les accablera, les compétitions coloniales et de zones d'influence : voilà quelle sera l'amorce colossale d'une nouvelle lutte titanique, dont pourrait seul nous préserver le bolchévisme des classes pauvres, exaspérées par les promesses manquées et par les impôts augmentés.

A ce point de vue, le dilemme apparemment simpliste « Ou Wilson ou Lénine » acquiert une valeur de réalité indiscutable.

En Italie, même les masses ont ouvert les yeux, et n'opposent plus, à notre manière de voir, cette force d'inertie, ce scepticisme dont nous nous plaignions dans l'édition italienne.

Voici en quels termes s'exprime le député Turati, dans le numéro du Ier janvier de sa « Critica Sociale », à propos des démissions du ministre Bissolati : « Or, « dans ce duel de choses, qui devra se décider ces mois-ci, « les socialistes ne peuvent avoir qu'une aspiration, une « angoisse, un but : vouloir, à tout prix, que les faits « démentent, le plus largement possible, leur scepticisme « doctrinal d'hier touchant la guerre. La même haine « implacable pour la tuerie et la rapine déguisée, qui

« en a fait des ennemis de la guerre, doit aujourd'hui
« les opposer, avec non moins de récision, à la prétendue
« inanité de celle-ci (quoiqu'ils l'aient pronostiquée), à la
« possibilité qu'elle se reproduise. Elle doit les rendre
« partisans de tout ce qui peut concourir à faire en
« sorte que cette guerre ait été véritablement la dernière
« guerre ; partisans, par conséquent, de l'abolition de la
« conscription, et du désarmement général. Il ne s'agit
« pas d'y croire un peu plus ou un peu moins ; que
« dis-je, moins on y croit, plus on devrait agir, pour
« qu'il soit bien clair, en cas d'insuccès, que l'incapacité
« du régime bourgeois à tenir les promesses de la guerre
« n'a point trouvé d'appui, même négatif, dans notre
« scepticisme. Appuyer Bissolati ; saisir Wilson ; souf-
« fleter de la plus atroce des injures tous les Pier So-
« derini et les Célestins de la vie politique qui, dans
« cette terrible alternative, ne prennent parti ni pour ni
« contre : voilà ce qu'impose la foi socialiste aux socia-
« listes italiens ».

Notre foi à nous repose sur Wilson et sur l'Angleterre, qui ne peut, par le fait même de son évolution
historique, qu'en suivre les doctrines. C'est un écrivain
américain qui a démontré le plus mathématiquement
l'incompatibilité logique qui perce entre les mouvements
poussant à l'évolution de l'Empire anglais vers une
« Commonwealth » et les motifs auxquels s'appuie la
souveraineté de l'État National, tel qu'il a prédominé
jusqu'à hier dans la vieille Europe. Cet historien de
choses anglaises, GEORGES LOUIS BEER, auteur du livre

The English-speaking Peoples, *a écrit, sur « le Natio-nalisme et la Souveraineté », un chapitre qui constitue la réfutation la plus rigoureuse des principes et des défauts de l'État national. Et ce n'a pas été sans quelque intime satisfaction que nous avons vu renforcer, par une autorité aussi respectable que la sienne, les critiques que nous avons ci-devant adressées à cette conception, qui a désormais fait son temps et qu'il faudrait par conséquent avoir le courage d'abandonner.*

Les États-Unis d'Amérique et l'Angleterre ont toute l'autorité et, à la rigueur, toute la force qu'il faut pour faire prévaloir et, au besoin, pour imposer à l'Europe continentale la Ligue des Libres États, en dépit des forces rapaces du nationalisme et du conservatorisme, forces encore si puissantes aujourd'hui, et que la victoire militaire n'a fait qu'exalter.

Ces deux États, occupant un territoire dont l'étendue couvrirait à peu près quatre fois l'Europe, et dont la population s'élève à environ 550 millions d'âmes, ont dans leurs mains une telle quantité de ressources et de matières premières, dominent si absolument la finance, sont si parfaitement les maîtres de cette voie commerciale par excellence qu'est la mer, qu'ils n'ont qu'à déployer leur puissance, pour imposer au petit et orgueilleux Continent européen les raisons de la logique, du droit et de l'humanité, contre les sophismes de la violence.

Et à leur autorité sacrée s'adjoindra volontiers l'énergie morale des esprits les plus réfléchis de l'Europe latine et germanique et des masses, qui éprouvent la plus vive répugnance pour toute ultérieure violence armée et le plus vif désir de s'élever, à travers les nobles compétitions des arts de la paix.

C'est à cette puissante union d'énergies que nous confirmons, dans cette édition en langue étrangère de notre ouvrage, notre sympathie et notre foi méditée.